미루는 습관 버리기

The Procrastination Workbook

Copyright ⓒ 2009 by William J. Knaus, EdD,
and New Harbinger Publications,
5674 Shattuck Aveanue, Oakland, CA 94609
All rights are reserved.

No part of this book may be used of reproduced in any manner whatever without
written permission except in the case of brief quotations embodied
in critical articles or reviews.

Korean Translation Copyright ⓒ 2015 by FANDOMBOOKS
Korean edition is published by arrangement with New Harbinger Publications
through JS CONTENTS

이 책의 한국어판 저작권은 JS 컨텐츠를 통한 저작권자와의 독점 계약으로 팬덤북스에 있습니다.
신저작권법에 의해 한국 내에서 보호를 받는 저작물이므로 무단전재와 복제를 금합니다.

미루는 습관 버리기

윌리엄 너스 지음
조은경 옮김

▶

지금
당장
시행하라
▶
Do it now!

팬덤북스

CONTENTS

프롤로그 미루는 습관에 길들어 있는가? ▶ 007

Chapter 1. 왜 자꾸 미루는 것일까?

미루는 습관에 숨어 있는 환상 ▶ 015

미루는 습관의 힘 | 미루고 싶은 충동과 자기 암시
때로는 전략적 지연도 필요하다 | 미루는 습관이 미치는 영향
지금 당장 시행하라 Do it now | 자율적 훈련 : PURRRR | 기록하기

미루는 습관에서 벗어나기 위한 Tip : 철저한 준비와 계획만이 변화를 가져온다

미루는 습관과 비난의 상관관계 ▶ 033

비난을 구성하는 세 가지 요소 | 미루는 습관과 게으름 | 미루는 습관을 가진 뇌의 구조

미루는 습관에서 벗어나기 위한 Tip : 자신을 몰아세우지 않는다

얽히고설킨 미루는 습관 ▶ 039

사회적으로 미루는 습관 | 개인적으로 미루는 습관
사회와 개인의 관계 | 미루는 습관의 일곱 가지 형태

미루는 습관에서 벗어나기 위한 Tip : 상호 보완할 방법을 찾는다

미루는 습관을 만드는 요소 ▶ 055

욕구 불만의 내성과 불안 | 자기 회의 | 상황적 가치 | 완벽주의 | 다양성의 결합

미루는 습관에서 벗어나기 위한 Tip : 단순하게 생각한다

중요한 일부터 먼저 하라 ▶ 068

이론의 세계 탈출하기 | 미루는 습관을 줄이기 위한 5단계

> **미루는 습관에서 벗어나기 위한 Tip** : 열 번 찍어 안 넘어가는 나무 없다

긍정적인 변화를 위한 자원 동원 ▶ 083

최적의 성과 기법 | 미루는 습관의 혜택

> **미루는 습관에서 벗어나기 위한 Tip** : 동기는 방향을 제공해 주며, 기법은 실현 가능성을 높인다

변화와 미루는 습관 ▶ 089

인식 | 행동 | 적응 | 순응 | 실현

> **미루는 습관에서 벗어나기 위한 Tip** : 미루는 사고로부터 자유로워져야 한다

Chapter 2. 최적의 타이밍은 지금이다

미루는 습관의 전환 ▶ 113

행동의 전환 | 정신의 전환 | 감정의 전환

> **미루는 습관에서 벗어나기 위한 Tip** : 변명은 문제의 본질을 흐리게 할 뿐이다

미루는 습관이 되기까지 ▶ 122

미루는 습관의 연속성 | 미루는 습관의 연속성 깨닫기

> **미루는 습관에서 벗어나기 위한 Tip** : 미루는 패턴의 연결 고리를 끊는다

의사 결정과 미루는 습관 ▶ 129

의사 결정의 두 가지 방식 | 빗나간 결정

미루는 습관에서 벗어나기 위한 Tip : '자신으로부터 벗어나기' 실습을 해 본다

학습을 미루는 습관 ▶ 136

학습의 혼란 | 정보 관리 | 벼락공부 넘어서기
감정적 부분에 대처하기 | 자율적 행동을 위한 스물한 가지 기법

미루는 습관에서 벗어나기 위한 Tip : 인식의 추구를 위해 결코 멀리 갈 필요는 없다

운동, 다이어트, 스트레스 해소 등을 미루는 습관 ▶ 154

건강하고 보기 좋게 | 체중 감량에 매달리기 | 스트레스의 조절

미루는 습관에서 벗어나기 위한 Tip : 모든 과정은 잘 짜인 각본대로 진행된다

시간의 보상 ▶ 174

시간 관리 기법

미루는 습관에서 벗어나기 위한 Tip : 시간이 모든 것을 말해 준다

다른 사람이 미루는 동안 앞서가기 ▶ 182

'독수리'와 '시간 방랑자'에 관한 신화 | 인간의 다섯 가지 행로
비행을 통한 시험 | 길을 활용하는 방법

미루는 습관에서 벗어나기 위한 Tip : 지금 당장 시작하라!

프롤로그

미루는 습관에 길들어 있는가?

'미루다'라는 말을 들으면 어떤 생각이 떠오르는가? 아마 납부 기한이 지난 각종 청구서, 잔뜩 어지럽혀진 옷장, 매번 약속 시간보다 늦게 나타나는 사람, 연락을 주겠다고 말해 놓고 새까맣게 잊어버린 일 등이 연상될 것이다. 마감 기한을 어기고, 시간에 쫓겨 허둥지둥하고, 다짐한 일들을 기억하기 위해 자신을 다그치는 행동이 미루는 습관의 예라고 할 수 있다. 새로운 취미를 갖는다거나, 두려움에 맞서는 일과 같이 자신이 원하는 활동 또는 도움이 된다고 판단되는 일들도 일반적인 형태의 미루는 습관에 포함된다. 자기 발전을 위한 도전, 즉 자신만을 위한 일은 중도에 포기해도 무방하다고 여기기 때문이다.

미루는 습관의 위험으로부터 자유로운 사람은 거의 없다. 아마 90퍼센트 정도에 이르는 사람들이 미루는 습관으로 인해 난처함을 겪고 있을 것이다. 미루는 습관을 연구해 온 심리학자 제시 해리오트Jesse Harriot와 조지프 페라리Joseph Ferrari는 20퍼센트 정도의 사람들은 다양한 형태의 미루는 습관으로 인해 고민에 빠져 있다고 추정한다.

실제로 최고 경영자들조차 중요한 결정을 미루고, 불편한 상황을 회피하고, 업무와 상관없는 일에 참가하고, 의미 없는 언쟁에 빠짐으로써 시간을 허비한다. 대학생의 60퍼센트는 미루는 습관을 극복하기 위해 다른 사람의 도움을 받아야 한다고 생각하고 있다.

실생활에서의 역할과는 관계없이 미루는 습관은 치밀한 관심과 노력을 기울여야 억제할 수 있는 충동이며 혼란이다. 어떤 삶을 살든, 직업이 무엇이든 간에 거의 모든 사람이 미루는 습관을 가지고 있다. 어린아이들은 "나중에요, 엄마"라고 말하며 할 일을 다음으로 미룬다. 특별한 계획 없이 퇴직하는 직장인들도 마찬가지다. 미루는 습관에 아무런 영향을 받지 않고 살아가는 사람을 찾기란 힘들다.

마감 기한에 맞추기 위해 애쓰는 것은 미루는 습관에서는 빙

산의 일각이다. 빙산 아래에는 개인의 발전을 저해하는 수많은 행동이 깔려 있다. 걱정거리를 쌓아 놓기만 한다거나, 다이어트 계획을 제대로 지키지 않는다거나, 매력적인 이성에게 다가가지 못하고 망설이는 일 등 삶을 불필요한 어지러움으로 가득 채워 놓는 장애물들이 포함된다.

모든 형태의 미루는 습관은 기본적으로 '내일에 대한 환상'을 가지고 있다. 미루는 습관이 타인에게 해를 끼치지 않으며, 지금 미루는 것은 나중에 좋은 결과를 얻기 위한 방편이므로 미래는 훨씬 나아지리라는 잘못된 희망이다. 하지만 미루는 습관을 가진 사람에게 희망찬 미래는 보이지 않는다. 마감 시간에 쫓겨 달력이나 시계를 흘긋거리고, 청구서를 제때 지불하지 않아 독촉에 시달리는 등 해결되지 않은 채 남아 있는 일로 극심한 스트레스를 받는다. 더 나은 날들이 기다린다는 희망은 스트레스를 가중시킬 뿐이다.

제자리, 준비, 시작!

미루고 싶은 충동을 피하고, 자신의 가치를 향상시키는 훌륭한 방법이 있다. 미루는 습관을 탐구하기 위한 모험을 시도해 보자. 이 도전적인 모험에서 당신은 조종사이다. 당신이 목적지를 정하고, 그곳에 도달할 방법을 결정한다. 결과가 어떻게 나오든 모험 과정이 당신이 이룬 성과보다 흥미롭다는 사실을 깨닫게 될 것이다.

이 책은 미루는 습관이란 과연 무엇인지 설명하는 것을 시작으로, 미루는 행동을 관찰하고 연구하여 고치도록 구성되어 있다. 후반부는 전반부에서 나온 내용을 기반으로 정보를 끌어내기 때문에 처음부터 순서대로 읽어 내려가는 것이 중요하다. 이 책에서 제시한 학습 과정에 참여함으로써 미루는 습관에서 벗어나기 위한 일련의 정보 기록의 실습, 실질적인 문제 해결 기법에 대한 개념을 구축하게 될 것이다.

정보 기록 부분은 미루는 행동을 할 때 일어나는 일에 대한 특정한 정보를 수집하는 방법을 다룬다. 앞 장에서 기록한 정보를 이용하여 미루는 습관을 줄이기 위한 5단계 프로그램을 만들어 볼 것이다. 미루는 습관에 대한 이해는 물론, 미루는 행동들을 세밀하게 정리할 수 있으리라 단언한다. 자신의 자료를 연구하는 과정을 통해 미루는 습관에 대항하는 계획을 충분히 세울 것이다.

실제적인 기법들은 미루는 습관에 도전하기 위한 도구이다. 시간 관리부터 미루는 사고에 대처하기까지의 다양한 기법을 제시한다. 물론 이 책에 나오는 모든 기법을 일일이 시험해 본다는 것은 비현실적인 일이다. 할 수 있는 만큼만 조금씩 시작하며, 마침내 능숙해졌을 때 가능성이 보이는 기법을 추가한다.

시작을 위한 사색

이 책에는 미루는 습관을 극복하기 위해 필요한 조건과 선택 사항들이 실려 있다. 인생의 소중한 기회를 얻기 위한 일환으로 살펴보면 자신에게 맞는 해결책을 발견하게 될 것이다. 뿐만 아니라 자신의 역량과 자제에 대한 개념도 향상될 수 있다.

미루는 습관과 관련된 장애물을 제거하여 얻는 만족은 내면으로부터 나오는 개인의 역량에 대한 인식으로 이어진다. 그러한 측면에서 이 책은 한층 더 강력한 자신으로 다듬기 위해 사용하도록 꾸며진 샘플이나 다름없다.

미루는 습관과 대적하기 위해서는 꽤 오랜 시간이 소요되지만, 학과 공부를 위해 할애하는 시간보다는 많지 않다. 좋은 학과목 성적을 얻기 위해서는 상당한 시간을 투자하면서, 상대적으로 개인의 능력 개발은 소홀히 한다는 것은 놀라운 일이다.

당신은 독서하고 공부하기 위해 들이는 시간과 노력만큼 미루는 습관을 극복하기 위한 시간과 노력을 쏟을 의지가 있는가? 그렇다면 미루는 습관에 죄의식을 느낄 정도로 괄목할 만한 성과를 거둘 것이다. 미루고 싶은 충동과 자극을 이겨 낸다면 인생을 한 단계 끌어올릴 수 있다.

미루는 습관을 극복하는 것은 자신의 인생을 즐기기 위한 방법을 모색하는 사람들에게는 평생의 도전이다. 이 책은 미루는 습관에서 벗어나도록 강력한 아이디어, 실습, 기법들을 제공해 준다. 모든 요소들을 습득하면 분명 인생에서 보다 많은 기쁨의 시간을 얻을 것이라고 확신한다.

미루는

습관

버리기

▶

Chapter 1

왜 자꾸 미루는 것일까?

▶

미루는 습관
버리기

▼
▼

습관은 동아줄과도 같다.
한 올 한 올 날마다 엮다 보면
결국 끊지 못하게 된다.
따라서 우리는 훌륭하고 긍정적이며
생산적인 습관을 형성해야 한다.

호레이스 만
Horace Mann

미루는 습관에 숨어 있는 환상

나는 여러 가지 다른 모습을 가지고 있다. 때로는 명확하게 모습을 드러내기도 하고, 때로는 조용히 숨어 있기도 한다. 당신이 만만하게 여길 때 언제라도 끼어들 수 있도록 만반의 준비를 하고 있다. 나는 당신의 인생을 지배할 수 있는 힘을 가지고 있으며, 나를 피하려 할수록 더욱 강해진다. 어쩌다 한 번 나를 이겨낸다 해도 당신이 눈치채지 못하는 사이에 다시 돌아온다. 몇 번이라도 계속해서 당신의 인생을 흐트러뜨릴 힘이 있다. 나는 '미루는 습관'이다.

위의 말이 그럴듯하게 들린다면 당신은 혼자가 아니다. 미루는 습관이 당신 인생의 한 부분을 차지하고 있는 것이다. 누구나 그렇듯이 말이다.

많은 사람이 나중으로 일을 미룬다. 그러다 그날이 오면 또다시 나중으로 미룬다. 나중이 더 낫다는 생각은 기대 속에 숨어 있는 공통적인 환상이다. 습관을 고쳐 반드시 행동에 옮길 것이라고 다짐하며 스스로를 합리화한다. 결국 언제나 다음 날이 있다.

문화의 역사가 시작된 이후, 사람들은 미루는 습관이라는 동일한 주제를 반복적으로 다루어 왔다. 고대 바빌로니아의 함무라비Hammurabi 왕은 283개의 법 조항 안에 '게으름 방지' 조항을 넣었다. 고대 로마 인들은 내일로 미룬다는 뜻의 'procrastination'이라는 파생어를 남겼으며, 로마의 황제 마르쿠스 아우렐리우스Marcus Aurelius는 불필요한 미루는 습관에 대해 경고했다. 18세기 영국의 철학자 토머스 홉스Thomas Hobbes는 자신에게 기여하는 능력과 시간을 효과적으로 사용하는 능력으로 개인의 진가가 드러난다고 규정했다.

오랜 세월에 걸쳐 내려오는 이야기들은 미루는 습관을 자제하는 것이 얼마나 가치 있는 일인지 알려 준다. '제때의 바늘 한 땀이 아홉 땀의 수고를 던다'는 말은 더 큰 문제를 만들지 않기 위해 늑장 부리지 말 것을 가르친다. 나는 지난 세기에 이어서 앞으로도 미루는 습관에서 벗어나기 위해 애쓰는 사람들을 계속해서 볼 것이라고 장담한다.

미루는 습관의 힘

미루는 습관은 내면 깊은 곳에서부터 일어난다. 다정한 친구로 가장하여 "충분히 휴식을 취한 다음 해도 늦지 않아. 어쨌든 성공적으로 완수하면 되는 거 아니야? 모든 사람이 부러워하는 내일은 분명 찾아올 거야"라고 말을 건넨다. 장미꽃에는 가시가 있다는 말처럼 미루는 습관의 역설 중 하나이다. 지금 당장 일을 처리하지 않는 데서 오는 불안감은 나중에 주도권을 갖게 될 것이라는 안도감으로 바뀐다. 장미꽃의 가시는 계속되는 뒷걸음질 속에서 실체를 드러낸다.

    나중으로 미룰 때는 언제나 적합한 행동을 선택적 다른 행동과 바꾼다. 선택적 행동은 미룬 행동만큼이나 중요하게 여겨진다. 하지만 대부분의 경우 보고서를 쓰지 않고 공상에 젖어 있는 일과 같이 부적절한 행동에 불과하다.

    미루는 행동은 임의적이다. 단순히 뭔가를 미루는 행동이 있고, 습관이라 할 만한 형태의 행동이 있다. 예를 들어 도서관에서 빌린 책을 이미 다 읽었음에도 제때 돌려주지 않았다고 하자. 평소에는 대여한 책을 즉시 반납하므로 예외적으로 발생한 일이다. 일관성 있고 예측 가능한 습관으로서의 행동이 아니라는 뜻이다.

미루는 습관은 실행을 미룬 일이 그리 큰 가치가 없다고 판단될 때 반복된다. 별로 중요하지 않은 일이라고 할지라도 미루는 습관이 고착화되면 삶의 품격이 떨어질 수도 있음을 간과한 탓이다.

만일 취업을 희망하는 구직자가 인사 담당자와의 면접이 두려워 입사 지원을 미룬다면 어떻게 될까? 두려움을 해소할 방법을 찾기보다 미루는 것으로 문제를 해결하려고 들면 일시적으로 마음이 편안해질 수 있으나, 최악의 결과를 맞게 된다. 취업의 기회를 미루는 습관으로 인해 놓치는 셈이다. 사소한 일이라도 습관적으로 미루려고 하다 보면 근심의 소용돌이 속에 있는 자신을 발견하게 될 뿐이다.

미루고 싶은 충동과 자기 암시

미루는 습관이 단순한 회피일 수도 있지만, 대개의 경우 최소한 2단계의 과정으로 이루어진다. 첫 번째는 미루고 싶은 충동이 드는 단계이다. 충동은 불안, 단조로움과 같이 부정적인 징후가 보이면 유발된다. 두 번째는 상황이 분명 나아질 것이므로 지금은 준비하면서 기다려야 할 때라고 스스로에게 암시를 거는 단계이다. 나중이 더 낫다는 생각은 곧바로 미루고 싶은 충동과 결합된다.

단계를 거치면서 미루는 습관은 능동적 측면과 수동적 측면으로 상반된 양상을 띤다. 능동적 측면은 급한 보고서를 서둘러 작성하는 대신 낮잠을 잔다거나 공상에 잠기는 등 회피하는 것을 말한다. 수동적 측면은 내일 시작하는 게 더 좋겠다고 결정하거나, 왜 미룰 수밖에 없는지 변명거리를 만드는 것이다. 할 일을 미루려는 사람들은 지연을 정당화하기 위해 무엇 때문에 그렇게 되었다는 식의 수동형의 표현을 많이 쓴다.

골칫거리로 여겨지는 일에서 다른 데로 주의를 돌리면 미루고 싶은 충동을 덜 느낄 뿐만 아니라, 자신과의 다툼을 피할 수 있다. 일례로 주문한 물건을 취소하기 위해 상점에 전화를 하는 달갑지 않은 상황을 생각하면 마음이 편치 않을 것이다. 전화를 할까 말까 고민하다 나중으로 미루고 싶은 충동에 휩싸인다. 이때 상점에서 요구를 거부할지도 모를 경우에 대비해 만반의 준비를 해둔 미래를 상상해 본다.

몇 주 후 원치 않았던 물건이 도착한다. 물건을 돌려보내야 하는 불편을 감수할지, 언젠가는 필요할지도 모른다고 합리화하면서 보관할지 등 새로운 결정을 다시 내려야 한다.

때로는 전략적 지연도 필요하다

미룬다는 것은 시기적절한 행동을 나중으로 연기한다는 뜻이다. 그렇다면 무슨 일을 하기에 알맞은 때는 누가 결정하는가? 정부는 세금을 납부하는 기한을 정해 놓는다. 기한 내에 납부하지 않으면 연체료를 부과하는 권한을 가지고 있는 정부의 결정은 타당하다. 반면 개인의 행동을 자유재량에 맡길 경우, 알맞은 때는 저마다 다를 것이다. 예를 들어 동료가 자신이 만든 업무 스케줄에 맞춰 일을 하라고 당신에게 권했다고 하자. 자신이 정한 업무 스케줄을 동료가 지연시킨다면? 그럼에도 당신은 미루는 습관에 젖어 있다고 생각하겠는가?

마감 시간에 맞춰 효율적으로 일을 처리함에도 스스로 미루는 습관에 젖어 있다고 생각한다면 기대치가 지나치게 높은 탓이다. 자신이 완벽하게 움직이는 기계와 같기를 원한다고 가정해 보자. 아무리 힘차게 움직여도 99퍼센트의 효율성밖에 얻지 못한다는 사실을 깨달을 것이다. 99퍼센트는 최고의 효율이다. 1퍼센트의 지연된 비율에 연연하여 실패했다고 여긴다면 완벽주의에 사로잡혔다고 볼 수 있다.

모든 지연이 미루는 습관으로 인해 발생하지는 않는다. 고대 그리스의 시인 호메로스Homeros는 《오디세이Odyssey》에서 전략적 지연을 묘사했다.

트로이 전쟁에서 승리한 오디세우스는 포세이돈의 방해로 고국으로 돌아가지 못하고 10년간 떠돌아다닌다. 그동안 오디세우스의 아내 페넬로페는 구혼자들의 구애에 시달린다. 구혼자들은 자신들 중 한 명과 결혼할 것을 강요한다. 오디세우스의 생사를 몰랐던 페넬로페는 결정을 늦추기 위한 계획을 세운다. 구혼자들에게 시아버지의 수의를 완성할 때까지만 기다려 달라고 한 것이다. 페넬로페는 낮에는 커다란 베틀 앞에 앉아 수의를 짜고, 밤이 되면 만들었던 수의를 풀어 버린다. 시간이 흘러 계획을 눈치챈

구혼자들로 인해 페넬로페는 결혼해야 하는 절체절명의 위기에 처하게 된다. 그 순간 오디세우스가 돌아와 구혼자들을 물리친다.

때로는 행동이나 결정을 미루는 것이 결과적으로 더 나을 수도 있다. 만일 당신이 새 차를 사기로 결심했다면 가까운 자동차 대리점을 찾아가 즉시 구매하기보다 여러 가지 사항을 꼼꼼히 조사하는 편이 효과적이다. 연비를 따져 보면 무엇이 최상의 차인지, 구매 협상이 가능한 차종은 무엇인지 등 시일이 다소 걸리더라도 자신에게 적합한 모델을 찾아야 한다. 이러한 형식의 전략적 지연은 충동구매보다 바람직하며, 현명한 판단을 내리도록 도와주는 미루기이다.

미루는 습관이 미치는 영향

미루는 습관에 길들면 다양한 활동을 미루고 있는 자신을 발견하게 된다. 친구들과 만나는 횟수가 줄어들고, 취미 활동을 위해 구입한 도구들에는 먼지가 쌓여 간다. 글을 쓰기 위해 필요한 조사를 미루고, 승진하려면 공부해야 한다고 생각하면서도 차일피일 미룬다. 자기 계발에 쏟아붓던 시간과 노력은 망각 속으로 곤두박질친다. 꿈은 저만치 멀어져 가고, 결국 기회의 상실로 인한 손실만 남는다.

실패와 손실을 야기하는 불필요한 지연은 기분의 변화와 관계있다. 자신이 슈퍼맨이 되어 모든 일을 능히 할 수 있겠다는 기분이 들면 일을 미루기보다는 제때 처리하고 싶은 마음이 클 것이다. 안타깝게도 다음 날이면 들뜬 기분은 사라지고 미루는 습관에 젖어 있는 원래의 모습으로 돌아온다. 황당한 일이 아닐 수 없다! 이러한 상황은 기분 상태에 따라 일의 효율성이 달라질 수 있음을 보여 준다.

사람들은 갖은 이유를 대며 할 일을 미룬다. 미루면 미룰수록 어마어마한 대가를 치를 수도 있다는 사실은 간과한 채, 그저 원치 않는 일을 하는 과정에서 느끼는 불편함에서 탈피하고 싶어 한다. 그러고는 "일을 처리할 준비가 되지 않았다"는 등의 서투른 변명을 늘어놓으며 미루는 습관을 합리화한다. 기한 내에 일을 끝내지 못했다는 생각에 불안, 상실감, 두려움, 의기소침, 피해 의식 등을 경험할 수 있음에도 미루는 습관의 힘에 이내 굴복하고 만다. 미루는 습관을 떨치기 위해 스스로 할 만한 일을 적극적으로 찾아보려는 노력 또한 미루면서 말이다.

지금 당장 시행하라 Do it now

미루는 습관을 떨치는 간단한 해결책은 '지금 당장 시행하라'이다. 효율성은 물론 삶의 만족을 증대시키고 싶을 때 적합한 방법으로, 적절한 시간 안에 일을 완수하라는 뜻이다. 미루는 습관에 젖어 있는 사람에게는 '지금 당장 시행하라'는 말이 큰 도전으로 느껴질 수 있다. 비록 대부분의 사람들에게 도전이라 할지라도,

미루는 습관이라는 장애물을 피하는 방법을 터득하면 인생의 목표를 성취하기가 보다 수월해진다.

미루는 습관을 정복해 가는 과정은 처음에 보이는 만큼 고통스럽지는 않다. 대부분의 변화들은 작은 단계를 거쳐 조금씩 일어난다. 작은 단계들 자체는 개별적으로 측정하기 어렵기도 하지만, 총체적으로는 실제적인 진보를 보여 준다.

'중요한 일부터 먼저' 하는 방법은 가장 긴박하고 중요한 일로 방향을 설정해 주는 작은 단계들 중의 하나이다. 이 방법을 사용하면서 자신에게 "내가 지금 하고 있는 일보다 시기적절하고 중요한 일이 있을까?"라고 묻는다. '중요한 일부터 먼저' 하는 방법은 미루는 습관에 대항하는 행동의 단계를 설정한다.

우리는 한순간에 해치울 만한 일을 나중으로 미루는 똑같은 상황들에 매일 부딪힌다. 전화를 들고 지금은 시간이 너무 많이 걸리니까 나중에 통화해야겠다고 생각한다. 과연 자신의 기억력이 믿을 만한가? 심리학자 데이비드 색터David Schacter는 시간의 흐름에 따라 사람의 기억력은 어긋날 수 있다고 지적한다. 쉽사리 전달 내용을 왜곡하고 중요한 사항은 쉽사리 잊어버리는 반면, 지우고 싶은 일은 의외로 기억하는 경향이 강하다.

즉시 잊어버릴지도 모르는 일을 미루는 것을 억제하는 방법으로는 '먼저 할 수 있는 일을 실행하기'가 있다. 중요한 전화번호를 적어 놓은 메모지를 어디에 두었는지 잊어버렸다면, 메모지를 찾느라 시간을 낭비하게 될뿐더러 실망이나 분노의 감정도 느낀다.

메모지를 잘 보관해야겠다고 결심한 순간 실행에 옮겼으면 발생하지 않았을 일이다. 절대 잊어버릴 일이 없다고 자신의 기억을 맹신하기보다 '먼저 할 수 있는 일을 실행하기'를 활용하는 편이 훨씬 현명하다. 지금 당장 할 수 있는 일을 미루면 실망스러운 결과를 맞이할 뿐이다.

'지금 당장 시행하라'의 과정이 익숙하지 않다면 '5분 기법Five-Minute Method'을 활용해 보자. 하기 싫은 과제를 마감 기한 내에 끝내야 한다는 압박을 받으면 어김없이 미루고 싶은 마음이 들 것이다. 그럴 때는 딱 5분 동안만 하기로 계획한다. 5분이 지나면 5분 더 계속할지 말지를 결정한다. 그만두고 싶을 때까지, 혹은 과제가 완성될 때까지 5분씩 더해 간다. 완성하기 전에 멈추었다면 다음에 시작할 과제로 넘어가기 위해 무엇을 할지 5분간 구상한다. 5분이라는 짧은 시간밖에 실행하지 못한다고 해도 이 방법은 미루는 습관을 없애 줄 만큼 꽤 효과적이다.

'무조건 하라Just Do It'의 신화를 경계하라

미루는 습관을 없애는 가장 확실한 방법은 미루는 일을 무조건 바로 시행하는 것이다. 그러나 미루는 습관에 젖어 있는 사람들의 세계에서 '무조건 하라'는 말은 부질없고 비현실적이다. 지체 없이 일을 처리하도록 바꾸기에는 그리 충분하지 않다. 효력을 가지려면 스스로에게 몇 번이고 되풀이하여 다짐해야 한다.

'무조건 하라'는 충고가 미루는 습관과 맞설 때는 대개 미루는 습관이 이긴다. 예외의 경우가 있다면 강력한 지위를 가진 사람이 "무조건 하라, 그렇지 않으면……"이라고 지시할 때일 것이다. 예외의 경우를 제외하고 '무조건 하라'의 주문을 반복하는 일은 청소년 흡연을 예방하는 광고에서 '흡연은 무조건 하지 마라'고 외치는 것과 똑같다. 막강한 영향력을 끼치지 못한다. 미루는 습관은 복합적인 특징을 가지고 있어서 '무조건 하라(Just Do It, 나이키의 슬로건-역주)'는 티셔츠에 장식하는 정도의 흥밋거리일 뿐, 그 이상도 이하도 아니다.

선택의 역설

단지 미루기 위해서라면 지금 해야 할 보다 더 중요한 일과 낮은 순위의 일을 맞바꾸기만 하면 된다. 즉, 미루는 습관을 버리려면 무엇보다 우선순위를 생각하면 된다. 과연 이것이 미루기를 선택의 문제로 만들 수 있을까? 그렇기도 하지만 반드시 명확한 선택은 아니다. 선택의 상황에 놓인다 해도 자신의 모습이 여전히 불빛으로 모여드는 나방처럼 느껴질 것이다.

미루기는 오염되지 않은 순수한 선택이 될 수 없다. 미루기가 자유로운 선택이었다면 지금 이 순간부터 미루지 않을 것이다. 미루는 습관을 끝내는 것은 책임감 있는 행동이라고 자신에게 말한다. 미루는 습관을 끝내기로 결심할 수도, 완전히 끝내 버릴 수도 있다. 미루는 습관을 끝내기 위한 이러한 계획 없는 결심은 마음속에서 들려오는 노랫소리를 듣지 말라고 말하면 그 소리를 무시하여 들을 수 없게 되는 것과 같다. 그 멜로디는 미루는 습관과는 다르게 단조로운 소리를 내게 되며, 결국 다른 이유로 스러져 버릴 것이다.

실제로 미루는 습관의 요소들과 씨름하는 모든 사람들이 알고 있듯이, 오래되고 강한 습관은 미루지 않고 행동하기 위해 강력하고 끈기 있게 노력하지 않고서는 멈추기 힘들다. 선택은 미루는 습관을 끝내겠다는 결심을 하고, 올바른 계획을 세우고, 자신의 의지를 강력하게 표현하는 첫 단계를 밟아야 시작된다.

자율적 훈련 : PURRRR

미루는 습관은 목표로 삼은 장기적인 성과를 이루기 위한 의도와 노력을 통제하는 능력에 문제가 생긴 상황도 포함된다. 이런 문제는 다음 우선순위의 전부 또는 일부에서 부정적이거나 유쾌하지 않은 면을 인식할 때 발생한다. 그렇게 되면 나중에 더 잘하게 될 것이라는 기대와 함께 다른 행동으로 대체한다. 미루기의 리듬은 빨리 실행한다면 더욱 많이 얻는다는 사실을 알 때에도 계속된다.

스탠퍼드 대학의 교수이자 심리학자인 앨버트 밴듀라Albert Bandura는 인생을 관리하는 데 필요한 자율적 지시를 설명하기 위해 '자기 효능감self-efficacy'이라는 개념을 사용했다. 자기 효능감이란, 자신은 적절한 행동을 하여 목적을 달성하게 될 것이라는 신념이나 기대감을 뜻한다. 자기 효능감이 높을수록 미루는 행동을 덜 하게 되며, 자기 효능감이 낮을수록 미루는 경향이 농후하다.

자기 효능감을 높이고 미루는 행동을 줄이기 위한 방법으로 PURRRR의 과정이 있다. Pause(중지), Utilize(활용), Reflect(심사숙고), Reason(판단), Respond(반응), Revise(수정)의 머리글자를 따서 PURRRR이라고 칭한다. PURRRR의 6단계 과정은 '지금 당장 시행하라'의 엔진을 가동시키며, 미루는 상황에 직면할 때 언제라도 활용할 수 있다.

1. 미루는 행동을 중지한다(P). 중지는 자신의 행동을 조절하고 통제할 수 있다는 신호이다. 만일 중지하기 어렵다면 팔목에 고무 밴드를 착용하거나, 시계에 초록색 점을 찍어 두어 중지의 표식으로 삼는다.
2. 미루는 행동을 제압하기 위해 수단을 활용한다(U). 당신은 이미 자신의 행동을 제압하는 데 익숙하다. 정신없이 바쁜 가운데 빨간 신호에 걸려 정차하게 되었을 때, 충돌의 위험을 감수하기보다는 멈추고 기다리는 쪽을 선택하지 않는가?
3. 미루고 싶은 충동을 느낄 때, 여러 가지 사항들을 심사숙고해 본다(R). 상황이나 기분은 물론, 미루는 행동을 합리화하기 위해 스스로에게 지속적으로 하는 말은 무엇인가를 심사숙고함으로써 미루는 습관에 관한 정보를 모을 수 있다.
4. 자신의 행동을 이성적으로 판단한다(R). 스스로에게 불필요한 지연을 지시하는 것이 잘못된 사고라고 판단하게 되면 나

중이 더 나을지도 모른다는 환상에 빠지는 일이 줄어든다.
5. 미루는 행동을 고치기 위한 일련의 계획을 세우고 반응한다(R). 스스로에게 '지금 당장 시행하라'는 지시를 내린 다음 이행하도록 한다.
6. 행동의 변화를 관찰한 후 목적과 방법을 수정한다(R). 미루는 습관에 젖어 있다면 완벽하게 과정을 이수하기 힘들다. 미처 놓친 부분은 없는지 꼼꼼히 살피고, 새로운 아이디어를 구상해 본다.

PURRRR은 미루는 행동을 규제하고, 미루는 습관에서 벗어나도록 도와주는 기본적인 방법이다. 그럼 PURRRR이 어떻게 작용하는지 예를 들어 보자.

당신은 치과에 가서 상한 이를 치료받아야 하지만, 미루고 싶은 강한 압박을 느낀다. 치통을 생각하면 당장 치과에 전화를 걸어 예약을 해야 하는데, 갑자기 좋아하는 잡지책을 읽고 싶다는 충동에 휩싸인다. 이때 PURRRR을 활용하기로 결심한다.

1. 일단 잡지책을 읽으려는 행동을 중지하고, 지금 가장 첫 번째로 해야 할 일은 치과 전화번호를 찾아 전화를 거는 것이라고 반복해서 말한다.
2. 잡지책을 읽고 싶은 충동을 제압하기 위해 치과에 가지 않을 경우 발생하게 될 일을 상상해 본다. 충동을 제압하는 일

은 자유 의지에 의한 행동임을 인식한다.
3. 예약과 관련하여 스스로에게 하는 말을 심사숙고한다. "편리한 시간대에 예약하기 힘들 뿐만 아니라, 오늘은 예약이 이미 꽉 차 있을 것이다. 나중에 전화하는 편이 낫지 않을까?"라고 말하는 자신을 발견한다.
4. 하찮은 것은 받아들이지 않겠다고 판단한다. 자신의 목적은 골칫거리를 회피하는 것이 아님을 상기하고, 스스로에게 나중이 더 나을지도 모르겠다고 생각하는 이유를 물어본다. 그런 다음 지금 당장 전화를 걸기로 결심한다.
5. 전화를 걸기 위해 무엇을 해야 하는지 안다고 해도 약속을 정하기 위한 단계를 계획하는 데 추가적으로 몇 분을 소요한다. 미루고 싶은 충동을 목적이 분명한 지시와 행동으로 바꾸는 연습을 하기 위해서이다. 전화번호부를 들추어 치과 전화번호를 찾고, 당장 전화를 걸어 약속을 정하라고 스스로에게 지시한다. 지시에 따라 단계별로 반응한다.
6. 전화를 하려는데 좋아하는 잡지책이 눈에 띈다. 잡지책을 뒤적이며 내용을 훑어보기 시작한다. 그 순간 자신의 행동이 미루는 습관으로 이어지는 신호탄이라는 점을 알아차린다. 치과 예약을 해야만 잡지책을 읽을 수 있다고 계획을 수정한다.

PURRRR을 활용할 정도로 크게 동기 부여가 되었다고 해도 100퍼센트 완벽하지는 않다. 발전은 보통 단계적으로 이루어지는데, 때로는 특정한 분야에서 비약적인 발전을 이루기도 한다.

앞으로 6개월 동안에 10퍼센트가 향상되고, 그다음 6개월 동안에 10퍼센트가 더 향상되며, 지속적으로 실적을 올릴 것이라고 생각해 보자. 불필요한 미루는 습관을 점차적으로 극복하고 긍정적인 결과를 향해 자신을 통제할 수 있을 것이다. 또한 긍정적인 결과를 얻기 위해 노력을 쏟는 자신의 모습을 보면 자기 효능감도 높아져 소기의 성과를 거두게 된다.

기록하기

심리학자 존 보그John Borgh와 타냐 차트랜드Tanya Chartrand는 일상생활에서 맞닥뜨리는 대다수의 일은 자동적으로 발생하므로 사고와 행동을 의식적으로 규제하기 위해서는 노력이 필요하다고 했다. 그들의 관점은 강조할 만한 가치가 있는 것으로, 미루는 습관에서는 기록하기에 활용된다. 미루는 과정에서 자신이 무엇을 생각하고, 느끼고, 행하는지 기록하는 일은 미루는 습관에서 벗어나기에 도움을 주며, 자아 평가를 할 때도 아주 유용하다. 미루는 과정을 알면 변화하기란 더욱 쉬워진다. 그럼 기록은 어떤 식으로 하면 좋을까?

1. 미룬 일에 대해 설명한다.
2. 일을 미루자고 결심했을 때 어떤 기분을 느꼈는가?

3. 미루었던 일을 실행에 옮겼을 때 어떤 생각이 들었는가?
4. 일을 계속 미루어 두기 위해 자신에게 어떤 말을 했는가?
5. 결과는 어떠했는가?

모든 이야기를 기록하는 일이 거창하다고 생각되면 두드러진 내용만 채택한다. 어떠한 접근 방법을 택하든 기록은 자신의 미루는 습관과 진행 과정을 상세하게 보여 줄 것이다. 자신이 어느 부분에서 얼마큼 진보를 이루었는지 알려 주는 기록을 읽는 일은 낙관주의적 사고를 하도록 만들어 주고, 문제에 대처하는 능력을 향상시킨다.

미루는 습관에서 벗어나기 위한 Tip

철저한 준비와 계획만이 변화를 가져온다

낮은 순위의 일을 시기적절한 일과 바꾸는 행동이 반복되면 미루는 습관에 빠져 있다고 할 수 있다. 미루는 습관에서 벗어나고 싶다면 우선순위를 가장 먼저 생각하면 된다. 우선순위에 따라 행동하는 것이 책임감 있는 모습이라고 스스로에게 말해 보자. 분명 효과를 거둘 것이다.

미루는 습관은 강력하게 자기 자신이 주도하지 않으면 끊기 힘든 유혹이다. 미루는 습관에서 벗어나겠다는 결심을 단단히 하고, 자신의 의지를 굳세게 표현하는 단계를 밟을 때 비로소 변화는 시작된다. 준비를 소홀히 한 채 그저 미루는 습관을 없애고 싶다고 말만 앞세운다면 금세 스러져 버릴 게 뻔하다.

미루는 습관과 비난의 상관관계

희극 작가들은 미루는 습관에 관한 농담거리를 만들어 내는 데 능숙하다. 뉴욕 시에서 LA까지 걸어간 사람들 중 가장 나이 많은 사람이 되고 싶다고 말했던 23살 남자 이야기를 들어 본 적이 있는가? 그 남자가 한 일이라고는 그저 나이가 들 때까지 기다리는 것이었다. 미루는 습관을 가진 사람들의 모임에서 선출된 회장은 또 어떤가? 회장을 뽑기 위해 모인 회원이 단 한 명도 없었기 때문에 자진해서 회장이 되었다고 빈정거린다.

미루는 장벽을 뚫고 나가는 일은 온갖 부정적인 요소와 투쟁하는 것과 다름없다. 유쾌하지 않은 과정임에는 틀림없지만, 살아가면서 반드시 거쳐야 하는 관문이다. 부정적인 요소를 대체하기 위해 긍정적인 자원을 구축할 때 자신이 가지고 있는 능력은 향상된다. 이러한 이점은 미루는 습관을 정복하기 위한 모험에서 보상으로 다가온다.

비난은 투쟁해야 할 부정적인 요소들 가운데 하나이다. 이번 장에서는 비난이 미루는 습관에서 어떤 역할을 하며, 비난의 덫에 빠져들지 않는 방법은 무엇인지에 대해 살펴볼 것이다. 비난으로 가득 찬 시각에서 조금이라도 벗어나면 미루는 습관을 보다 긍정적으로 개선시킬 것이라고 확신한다.

비난을 구성하는 세 가지 요소

비난은 'E'로 시작하는 세 가지 요소, 즉 과도한excesses 비난, 확대된extensions 비난, 책임 회피적exonerations 비난으로 구성되어 있다. 과도한 비난은 아주 작은 실수까지 들춰내어 잘못을 꾸짖는 것이고, 확대된 비난은 결과에 대한 책임을 남의 탓으로 돌리며 비난의 범위를 확대시키는 것이다. 책임 회피적 비난은 '악마의 꼬임'이라는 식의 변명거리를 만들어 자신이 저지른 잘못도 남에게 떠넘기는 것을 말한다.

세 가지 요소는 문제를 해결하는 데 방해가 됨은 물론, 일상생활의 즐거움을 느끼지 못하도록 가로막는다. 당연하지 않은가. 자신을 과도하게 비난하거나, 남에게 잘못을 부과하면서 즐거움을 느끼기는 어렵다. 비난의 문화에 빠져들면 빠져들수록 실수와 잘못으로 점철된 상황과 직면하게 되고, 나아질 기미는 좀처럼 보이지 않는 악순환을 경험한다.

짐작하겠지만, 비난과 미루는 습관은 얽혀 있다. 미루는 습관을 가진 사람들은 비난을 면피하고, 자신의 미루는 습관을 정당화하기 위해 "나중이 더 낫다"는 말을 자주 한다. 때로는 얼토당토않은 말을 내뱉을 때도 있다. 약속한 물건이 예기치 않은 바람에 날아가 버렸다는 식으로 말이다. 전자는 자기기만이며, 후자는 책임 회피이다.

사람들은 대개 부정적인 성과를 수용하는 대신 외부 환경 탓으로 돌릴 때가 많다. 예를 들면 학교 성적이 부진한 이유는 무서운 선생님을 만났기 때문이라거나, 공부에 집중할 만한 분위기가 아니었다고 핑계를 대는 것이다. 기분이 우울하면 비난의 화살을 자신에게 돌려 극도의 스트레스를 받는다. 심리적 압박감은 혼란을 야기하며, 정상적으로 작동하고 있는 능력에 이상을 일으킨다.

비난을 내부 또는 외부로 전가하는 행동은 문제 해결 방안을 모색하는 일과 전혀 관계없다. 미루는 상황을 평가하여 보다 생산적인 활동에 열중하도록 노력하는 편이 긍정적인 결과를 낳는 데 효과적이다. 효율적으로 행동하기 위해 확실한 정보가 필요한

가? 그렇다면 어디에서 정보를 얻을지 찾아보라. 시작하기 전에 크게 숨을 들이쉬고 싶은가? 그렇다면 숨을 들이쉬고 시작하라.

미루는 습관과 게으름

미루는 습관과 게으름은 자칫 혼동하기 쉬우나, 엄연히 다른 개념이다. 해야 할 일을 미루는 사람들은 두렵다거나, 실행하기 불편하다거나, 뭔가 불분명하다고 느낄 때 미룬다. 나중에는 지루하고 사소한 일을 하느라 시간을 낭비하고 싶지 않다는 등의 구실을 만들어 자신의 행동을 합리화하기에 이른다. 즉, 미루는 습관은 끝마쳐야 하는 일 대신 대체되는 활동을 향해 힘과 노력을 쏟는 적극적인 과정이라고 할 수 있다. 반면 게으름은 미루는 행동을 넘어서 노력이나 활동 자체를 꺼리는 것을 의미한다. 나태함, 부주의, 건들거림, 빈둥거림과 같이 비난을 일삼을 때 사용되는 단어들과 동일시된다.

비난할 때 쏟아 내는 단어들은 행동을 변화시키는 결과로 이어지지 못할 때가 많다. 자신을 비난한 사람을 똑같이 비난으로 대응하여 보복하는 일은 일종의 자기방어 기제이다. 자기방어 기제가 작동되면 문제를 바로잡기보다는 자신을 보호하는 일에 더욱 신경을 쓴다. 보다 나은 결과를 맞이하고 싶다면 단어에 연연하여 행동하지 말고 행동 자체를 개선하려는 시도를 감행해야 한다.

미루는 습관을 가진 뇌의 구조

미루는 습관을 형성하는 과정에서 뇌는 미루는 사고, 감정, 행동에 적응하도록 변화한다. 위협적이거나 부담스럽게 여겨지는 일을 처리해야 하는 상황에서 미루는 습관은 자동적으로 뇌의 회로를 따른다. 불편한 일을 미루고 나서 느끼는 안도감은 탈출로 보상되며, 안도감과 탈출의 관계는 바로 뇌에서 정립된 것이다.

고소 공포증이 있다는 이유로 자신을 비난하지 않는 것처럼, 미루는 습관을 가지고 있다고 해서 자신의 뇌를 비난하는 일은 없어야 한다. 과도한 식욕을 억제하지 못해 과체중이 되었다면 유전자를 탓할 게 아니라, 올바른 식습관을 통해 체중을 조절해야 하지 않을까? 미루는 상태에 있을 때 뇌가 반응하는 방식을 비난하는 일은 바람직하지 않다. 차라리 스스로에게 지금 당장 시행하라고 지시하는 편이 낫다. 뇌가 어떤 반응을 보이든 간에 미루는 행동을 고치는 해결책은 다음의 과정을 포함한다.

1. 자신을 미루는 상황에 노출시킨다.
2. 왜 미루고 싶은지 이성적으로 판단한다.
3. 미루고 싶은 충동을 이겨 내기 위한 방법을 모색하고 실행에 옮긴다.

세 가지의 과정을 구체화하기 위해 PURRRR을 활용하면 도움이 될 것이다.

**미루는 습관에서
벗어나기 위한 Tip**

자신을 몰아세우지 않는다

나는 미루는 습관을 가졌다는 이유로 자기 자신을 멍청하다고 비난하는 사람들을 많이 보았다. 심지어 자신이 충분히 할 수 있었음에도 미루었다는 사실을 깨달았을 때, 혹은 자신의 미루는 습관으로 인해 다른 사람들에게 불필요한 골칫거리를 안겨 주었을 때 수치심을 느끼는 사람도 있었다.

미루지 않고 바로 행동하는 것이 간단해 보일지 모르지만, 미루고 싶은 충동을 억제하고 실행에 옮기는 일은 참으로 어렵다. 따라서 미루는 습관 때문에 자신을 비난하는 일은 없어야 한다. 습관이 형성되기까지 꽤 오랜 시간이 걸렸듯, 되돌리려면 그만큼의 시간이 필요하다는 사실을 인정하는 편이 현명하다.

얽히고설킨
미루는 습관

 한 종류의 식품에도 다양한 상표가 붙어 있듯, 미루는 습관도 이와 마찬가지다. 다양한 형태의 미루는 습관이 존재한다. 이번 장에서는 일반적인 미루는 습관과 그에 관련된 일곱 가지의 미루는 형태를 살펴볼 것이다. 미루는 형태를 많이 알면 알수록 더 이상 그 무엇도 미루지 않게 된다.

사회적으로 미루는 습관

사회적 책임을 미룬다면 사회적 관계에서의 미루는 습관에 젖어 있는 것이다. 세금을 막판에 내거나, 신용 카드 대금을 늦게 지불하거나, 도서관에서 대여한 책의 반납 기한을 넘기거나, 범칙금의 납부를 지연시킨다. 사회적으로 미루는 그룹에 속한 사람들은 마감 기한이 있다는 사실에 분개하며, 시간 엄수와 미루는 습관 사이에서 격렬한 논쟁을 벌인다. 정도가 심하면 마감 기한을 악마의 의무로 보고, 일상생활 속에 출현하는 모든 악마에게 저항하기에 이른다.

방황하며 시간을 보내는 사람들이나 인생을 우회적인 여행으로 삼는 사람들은 시간의 궤도에서 곧잘 이탈한다. 그러다 마감을 알리는 종소리가 울리면 마감 기한을 맞추기 위해 서두른다. 즉, 미루는 습관은 마감 기한에 이르러서야 마치거나, 기한을 지나쳐 버리는 것과 관계있다.

물론 마감 기한이 왜 존재하는지 이해하지 못하는 것은 아니다. 자금을 대출해 주는 기관에서는 납부 일정을 정해 놓아야 운영에 차질을 빚지 않는다. 이러한 외부적 마감 기한은 저항심을 자극하기도 하지만, 일반적으로 효과가 있다. 그렇지 않다면 대출 기관과 같이 마감 기한이 있는 곳을 이용하려고 하지 않을 것이다. 외부적으로 부과된 책임일지라도 마감 기한을 맞추기 위해 행동하는 것은 성숙하다는 신호이며, 앞으로 발생할 커다란 어려움을 피할 수 있음을 뜻한다.

개인적으로 미루는 습관

개인적으로 미루는 습관은 신체적, 정신적 건강과 기타 개인적 이익(자기 개발, 알맞은 상대 찾기, 경력 쌓기 등)으로 이어지는 활동을 정기적으로 미룰 때 나타난다. 중요한 사람과의 미팅을 무작정 미루거나, 오랫동안 꿈꿔 왔던 모험을 회피하거나, 담배가 몸에 해롭다는 점을 알면서도 계속 담배를 피우는 것이다. 또한 이력서를 제때 제출하지 않아 일자리를 얻지 못한다거나, 실패할지도 모른다는 두려움 때문에 습관적으로 좋은 기회를 놓칠 때 개인적으로 미루는 세계로 들어갔다고 할 수 있다.

개인적으로 미루는 습관에 젖어 있는 사람들은 자신의 행동을 합리화하기 위해 "나는 단지 나 자신에게만 해를 끼칠 뿐이다", "서두를 필요 없다", "금방 할 수 있을 거야" 등의 구차한 변명거리를 만들어 낸다. 자신에게 주어진 책임감은 전혀 신경 쓰지 않은 채 말이다.

자기 자신과 자신의 인생을 돌아봄으로써 이룰 수 있는 긍정적인 변화를 꺼리는 행동은 일반적으로 '변화에 대한 저항' 또는 '감정적 저항'이라고 알려져 있다. 개인적으로 불편하거나 고통스러운 도전에 대항하는 대신 후퇴해 버리는 상황을 가리킨다.

미루는 습관을 없애기 위해 '변화에 대한 저항'을 규명하고 미루는 행동에 반대되는 행동을 시도하여 스스로 '감정적 저항'을 깨뜨릴 수 있다. 이때 동기 부여가 필요하다면 개인적으로 미루는 습관으로 인해 지연된 결과들을 나열해 보면 도움이 된다. 혹시 자신의 능력을 제한하고 있는가? 미루는 습관에 대면하는 것에 두려움을 느껴 감정적인 문제들을 지속하고 있는가? 그렇다면 개인적으로 미루는 습관에 도전해서 자신이 무엇을 얻는지 생각해 보자.

사회와 개인의 관계

개인적으로 미루는 습관은 다른 사람에게 부정적인 영향을 미친다. 그룹 프로젝트에 참여했다가 자신의 업무에 대한 비평을 두려워하여 일을 지연시킨다면 어떻게 될까? 인사 고과에서 좋은 점수를 받지 못하게 됨은 물론, 그룹 전체를 불편하게 만든다.

자기 계발이나 자기 발전을 미루는 사람은 더욱 치명적이다. 상대적으로 적은 수입이라는 벌을 받아 가족이 경제적으로 어려움을 겪는 한편, 사회는 잠재적으로 재능 있는 사람의 능력을 활용하지 못하고 만다.

사회적으로 또는 개인적으로 미루는 상황으로 인해 스스로를 비난하거나, 죄의식을 갖는 것은 바람직한 일이 아니다. 자기 비하는 추가적인 혼란을 야기할 뿐이다. 미루는 습관에 대한 후회, 아쉬운 감정, 실망은 단순히 비난의 꼬리표나 건강하지 않은 죄의식으로 덮어지지 않는다. 차라리 그 시간에 스스로 만든 문제를 수정하고 바로잡기 위해 노력을 쏟는 편이 미래를 위해 훨씬 나은 선택이다.

로마의 황제 마르쿠스 아우렐리우스는 "우리의 과거는 지나

갔고, 미래는 불확실하다"고 말했다. 지나간 과거는 어찌하지 못하지만, 앞으로 해야 할 일에 대해서는 재량권이 있다는 뜻이다. 불필요하게 자신을 후회의 상태에 집어넣지만 않는다면 말이다.

미루는 습관의 일곱 가지 형태

미루는 습관의 형태를 알면 미루는 습관이라는 도전의 핵심에 더 빨리 도달한다. 다음에 다루게 될 형태는 가벼운 영향을 미치는 미루는 습관에서부터 다짐, 실천, 후퇴, 지각, 방해, 그 밖에 일반적인 문제까지의 미루는 습관이다.

가벼운 영향을 미치는 미루는 습관

가벼운 영향을 미치는 미루는 습관에서는 중요하지만 상대적으로 우선순위가 낮은 행동을 미룬다. 사소한 행동일지라도 반복적으로 미루다 보면 궁지에 몰리거나, 위기에 처하기도 한다는 점을 간과한 까닭이다. 예를 들어 자가용의 엔진을 체크하는 것을 미룬다고 가정해 보자. 그보다 중요하게 처리해야 할 일들이 많다고 변명하며, 자가용이 고장 나지 않을 것이라고 예측되는 위기를 선택한다. 그렇게 몇 주가 지나고, 결국 예기치 않은 일이 발생한다. 자신에게 돌아오는 것은 정비소로 자신의 차를 끌고 가는 견인차의 기사가 미소를 지으며 건네는 청구서뿐이다.

그들은 나중에 처리해도 되는 사소한 일들로 시간과 힘을 소비하고 싶지 않다고 자신에게 말한다. 언제라도 옷장 정리를 하거나, 전화를 하거나, 자동차 검사를 받을 수 있다. 그런 식으로 쌓인 작은 일거리들이 눈덩이처럼 불어나는데도 아무렇지 않게 여긴다. 도대체 이렇게 만드는 요인은 무엇일까? 바로 "지금은 사소한 일 따위에 신경 쓸 겨를이 없어"라고 말하게끔 시키는 부정적인 기분이다. 즉, 기분이 나아지기를 기다리는 동안 작은 문제들은 지체되는 것이다.

담장의 울타리는 바닥에 쓰러져 있고, 꽃밭에는 잡초가 무성히 자라고 있으며, 우편물은 점점 쌓여 간다. 거실 바닥은 마치 쓰레기 폐기장같이 보인다. 시간이 지날수록 불쾌감도 덩달아 커진다. 불쾌감은 어쩌면 한꺼번에 다 처리해야 한다거나, 아무것도 할 수 없다는 압박감으로 이어진다. 그러나 당장 모든 것을 처리할 시간은 없고, 마침내 더 이상 참지 못하는 순간이 찾아와 해결해 버리기 전까지는 제자리걸음이다.

심리적 압박을 받은 상태에서는 즐거움을 느끼지 못한다. 다른 일을 끝마치고 홀가분한 기분에 빠져들 새도 없이 지루한 일이 눈앞에 펼쳐지면 회의감이 물밀 듯이 밀려온다. 이러한 패턴이 반복되면 평소 즐겁게 행하는 일까지 부정적인 영향을 받아 미루고 싶은 충동에 휩싸인다.

가벼운 영향을 미치는 미루는 습관의 과정을 초기에 없애기 위해 어떤 사람들은 자신의 활동 내역과 마감 시간을 메모지에 기록해 놓기도 한다. 자신이 실행한 과정을 한눈에 보기 위함이다.

정기적으로 미루는 일상적인 일들을 일일이 기록해 두면 미루는 습관에서 벗어나는 데 활용할 수 있다.

다짐에 관한 미루는 습관

새해 다짐은 연례행사라고 해도 과언이 아닐 만큼 작심삼일로 끝날 때가 부지기수다. 실행하고자 하는 강한 책임감이나 계획 없이 단지 잘해 보겠다고 마음먹었을 때 주로 발생한다.

다짐으로 끝났다고 해서 모든 계획이 수포로 돌아가는 것은 아니다. 쉽게 깨져 버린 다짐들은 때때로 왜 다짐을 했고, 왜 지키지 못했는지 평가하는 데 유용하다. 분명 그럴 만한 이유가 있을 것이다. 행동에 대한 필요성이 더 이상 존재하지 않게 된 이유 말이다. 굳게 다짐한 일을 실천하지 않았다면 다짐에 관한 미루는 습관의 덫에 걸려들었을 수도 있다.

다짐에 관한 미루는 습관에는 미래에 대한 의지와 바람은 있지만, 합리적인 계획이 없다. 계획은 '언제', '어디서', '어떻게', '왜'를 결정하며, 목표를 성취하는 데 필요한 작은 단계들을 밟아 나가는 과정을 의미한다.

다짐을 실행하기로 결정했다면 자유로운 선택의 영역에 들어온 것이다. 그 외에 선택 가능한 다른 사항은 제쳐 두고 오로지 다짐을 실현하기 위해 최선의 노력을 다할지, 말지를 스스로 결정해야 한다. 만일 자신의 중요한 다짐을 실행하기 위해 노력할 가치가 있다면 더 이상 지체하지 말고 당장 시작하면 그뿐이다.

실천에 관한 미루는 습관

다짐에 관한 미루는 습관이 계획 없는 바람만 갖고 있었다면, 실천에 관한 미루는 습관은 바람과 계획은 모두 갖고 있지만 막상 시도하고자 하면 어긋난다는 것이 문제다. 실천에 관한 미루는 습관을 가진 사람들은 미래에 대한 확고한 의지를 가지고 체계적인 계획을 세우는 데 반해, 지속적으로 실행하지는 않는다. 마치 달리기 선수가 처음에는 빠르게 달리다가 결승선 바로 앞에서 주저앉아, 다른 선수들이 승리의 메달을 얻기 위해 자신을 지나쳐 가는 모습을 지켜보고 있는 꼴이다. 다시 말해 시작은 창대하나 마무리는 미약함을 뜻한다.

실천을 미루는 과정은 다양한 형태로 나타난다. 정교한 사업 계획만 세워 놓고 착수하지 않는다거나, 흠잡을 데 없는 이력서에 인터뷰까지 철저히 준비해 놓고 원하는 일자리에 지원하지 않는다. 미완의 프로젝트들을 쌓아 두기만 하는 일도 마찬가지다. 언제나 실행 직전 단계에까지 가서 결정적인 순간을 기다린다.

실행 단계에서는 유능한 기획가라도 좌절에 빠지기도 하기 때문에 고도의 기술이 필요하다. 실천에 관한 미루는 습관에 젖어 있다면 자신이 실천하기로 계획했던 각각의 단계를 꼼꼼히 검토해 봐야 한다. 그래야만 전반적인 계획을 향상시킬 뿐만 아니라, 잘못된 부분을 조정할 수 있다.

후퇴의 패턴

'미루는 습관 - 실천 - 미루는 습관 - 실천'의 패턴을 반복하는 사람들이 있다. 그들은 습관적으로 뒤처지고, 두려워하고, 따라잡기 위해 혼란스러운 행동을 한다. 순환적인 패턴에 익숙해지면 초기 단계에서 성과를 얻기도 하지만, 이내 패턴으로 다시 돌아가 후퇴하고 만다. 몸무게를 20킬로그램 줄이고 나서 다음 해에 30킬로그램을 늘려 버린 사람들이 바로 그런 경우이다.

다른 방식으로도 나타난다. 신용 카드의 지출을 줄이기로 결심하여 성공을 거둔 후 곧 재정적 곤경 상태로 되돌아간 경험이 있는가? 아마도 가장 공통적인 후퇴의 패턴은 생산적인 행동과 무기력 상태를 왔다 갔다 하는 일일 것이다.

가벼운 영향을 미치는 미루는 습관처럼 후퇴의 패턴이 발생한 원인도 기분과 연관 지을 수 있다. 긍정적인 기분에 젖어 들면 어느 때보다 적극적으로 행동한다. 그러다 축 처진 기분이 들면 후퇴한다.

후퇴의 패턴은 과도한 확신을 보여 주기도 한다. 당신이 목표를 달성하기 위해 시간과 노력을 쏟고 있다고 가정하자. 상황이 지속되면 시간과 노력을 투자하지 않고도 목표를 잘 운용할 것이라는 믿음에 사로잡힌다. 그러나 행동은 자동적이기보다 기계적인 것이다. 노력이 감소할 때 후퇴의 패턴에 빠지게 된다.

시작하고, 멈추고, 다시 시작하고, 또다시 멈추는 패턴은 성실함의 본보기라고도 할 수 있다. 자신이 후퇴의 패턴으로 들어섰음을 느낀다면 스스로 변화를 원한다는 증거이며, 실천하기 위해 많은 노력을 기울이고 있다는 뜻이다.

후퇴의 패턴에서 벗어나고 싶다면 원인에 따라 전략을 다르게 짜면 된다. 후퇴의 패턴이 부정적인 기분과 동시에 발생한다면, 기분을 정리하여 미루는 습관으로 이어지는 것을 피할 수 있다. 또 마감 기한을 맞추기 위해 부산스럽게 서두르는 행동을 보이고 있다면, 책임감 있게 일을 처리하고자 하는 바람을 은연중에 내비치는 것으로 생각하면 된다. 후퇴의 패턴을 다루는 일은 위기관리에서 벗어나 자기 훈련으로 넘어가는 한 방법이라는 점을 인정하는 것에서부터 이루어진다.

지각에 관한 미루는 습관

당신은 약속이나 모임에 늦게 나타나는 수많은 사람 중 한 명인가? 이미 상영이 시작된 영화관에서 친구를 혼자 기다리게 하는가? 다른 손님들은 떠날 채비를 하고 있을 때 그제야 파티에 도착하는가? 그렇다면 지각에 관한 미루는 습관에 사로잡혀 있는 것이다. 지각에 관한 미루는 습관은 카멜레온처럼 다양한 모습을 지니고 있다.

마지막 순간에 이르러서야 행동하는 사람들은 출발하기 전에 사소한 일들을 처리하는 것을 최우선적으로 삼는다. 꼭 출발해야 할 시간에 샤워를 한다거나, 방 정리를 하려고 한다. 수다스러운 친구와 전화 통화도 아무렇지 않게 한다. 우선순위에 대한 개념 자체를 잊어버린 까닭이다.

물론 정시에 출발하기 위해 사전 노력을 한다고 주장할 수도 있다. 외출복을 입는 데 걸리는 시간, 승용차를 타기 위해 주차장으로 가는 시간, 차를 예열하는 시간 등을 경시한 채 말이다. 언제나 낙관적인 그들은 신호에 걸리지도 않고, 교통도 원활할 것이라고 생각한다. 그러다 15분 늦게 도착하면 교통 체증을 탓한다.

지각에 관한 미루는 습관이 익숙해지면 새로운 방식을 원함에도 불구하고 기존의 방식을 선택한다. 5년 전에 당신은 사교적인 모임에 참석하는 일이 불편하여 일부러 지각을 일삼았다. 불편한 상황을 회피하는 미루는 습관은 일시적인 안도감을 주었다. 5년이 지난 지금 당신은 새로운 사람들을 만나기를 기대하며 진심으로 제시간에 도착하고 싶다. 가쁜 숨을 몰아쉬며 서두르지 않고 목적지에 도착했을 때의 이점도 안다. 하지만 지각에 관한 미루는 습관은 당신의 뜻대로 움직여 주지 않는다.

지각은 미루는 형태 중에서도 가장 욕구 불만적인 형태에 속한다. 지각에 관한 미루는 습관으로 고민하고 있다면 먼저 자신을 변화시켜야만 한다. 집 안 정리는 일을 보고 돌아온 후에 하기로 결정할 수도 있고, 넉넉히 시간을 두고 출발하겠다는 계획에 따라 15분 일찍 목적지에 도착할 수도 있다. 결국에는 마지막 순간에 거슬리는 일들을 무시하는 게 불이익보다는 혜택이 많다는 사실을 깨닫게 될 것이다. 적극적인 노력은 약속 장소에 정시에 도착하기 위한 우선적인 일에 초점을 맞추도록 해 주고, 늦게 도착하여 우왕좌왕하는 시간을 줄여 준다. 뿐만 아니라 시간을 마음대로 조절하게 되면 지각에 관한 미루는 습관에서 해방되어 진정한 자유를 만끽할 것이다.

방해에 관한 미루는 습관

방해에 관한 미루는 습관은 의도적으로 다른 사람의 일을 방해한다. 보복성으로 다른 사람의 일을 방해하면 결국 자신에게도 좋지 않은 영향을 끼치는데도 말이다. 이를테면 다른 사람이 배를 빌려 달라는 부탁을 하자 자기의 배에 구멍을 뚫는 것과 같은 이치이다.

스스로 충분히 할 수 있는 일에 대해 직장 상사가 압박을 가하려고 한다거나, 자신도 분명 알아차릴 법한 일을 등한시했다는 듯 누군가 경멸조로 말하면 기분이 울적해질 것이다. 심한 잔소리, 어린아이 다루듯 나무라는 어투, 일상적으로 해 왔던 일임에도 사사건건 지시받는 것 등도 마찬가지다. 직장 상사가 몇몇 선호하는 직원들을 제외하고는 대다수의 사람에게 똑같이 대한다는 점을 알기 때문에 처음에는 참는다. 그러다 도저히 참지 못할 지경에 이르면 상사가 지나다니는 길목에 돌이라도 던지고 싶은 충동에 휩싸인다. 실제로 행동으로 옮긴다면 돌을 집어 던지는 그 순간에는 만족감에 도취되어 승리를 맛볼 것이다. 그러나 곧 방해의 반응은 긴장감, 걱정, 마찰로 이어진다.

나는 까다로운 사람, 특히 주도적이고 세세한 것까지 참견하는 종류의 사람을 상대하는 일은 분통 터지는 일이라고 생각한다. 물론 아주 잠시 동안 그런 사람의 일을 방해하고 싶은 유혹에 사로잡히기도 한다.

그럴 때는 유혹에 더 깊게 빠져들기 전에 우선순위를 먼저 파악해야 한다. 우선순위를 파악하는 일이 힘들 때는 만약 절친한 친구가 비슷한 상황에 처했다면 뭐라고 조언해 줄지 떠올려 보는 것도 좋은 방법이다. 방해를 줄이고자 행동할 때는 동시에 인내력을 형성하기 위한 행동을 하는 것이다. 즉, 충동적으로 행동하지 말고 상황을 면밀히 따져 본 후에 문제를 바로잡아야 한다.

일반적인 문제를 일으키는 미루는 습관

일반적인 문제를 일으키는 미루는 습관은 쉽게 처리할 수 있음에도 습관적으로 미루는 경향이 강할 때 발생한다. 습관은 이미 잘 다져진 길처럼 숙련되어 있으며, 눈으로 직접 확인하지는 못해도 올바르게 수신되는 라디오 전파처럼 자연스럽게 작동된다.

비록 당신이 부정적인 습관의 패턴을 깨뜨릴 예외적인 잠재력을 갖고 있다고 해도, 그 재능을 유용하게 만들기 위해서는 실행으로 옮겨야 한다. 다루기 힘든 미루는 습관을 깨뜨린다는 것은 다음의 세 가지 과정을 포함한다.

1. 미루었다는 사실을 솔직하게 받아들인다.
2. 그로 인해 생긴 불편도 기꺼이 감수한다.

3. 효율적으로 행동하는 방법을 찾아보고 활용한다.

일반적인 문제를 일으키는 미루는 습관에서 벗어나기 위해서는 필사적인 노력이 필요하다. 노력의 일환으로 각각의 단계를 되짚어 보도록 도와주는 연습을 해 보자. 미루는 습관을 이해하고 분석하는 데 유용할 것이다. 연습은 5단계에서 1단계로 거슬러 간다. 미루는 과정을 되짚어 보면 새로운 시각으로 분석함은 물론, 실행에 방해가 되는 요소는 없는지 확인할 수 있다.

5. 오랫동안 미루어진 일을 해결하기 위해 당신은 어느 시점에 이르러서야 행동하는가?(시간이 막바지에 이르렀을 때?)
4. 행동으로 옮기기로 결정하는 시점은 언제인가?(미루는 습관으로 인한 결과를 더 이상 참지 못할 때?)
3. 조금 더 미루기 위해 자신을 어떻게 달래며 안정감을 주는가?(시간이 충분하다고 말하는가?)
2. 미루기 시작하면서 무슨 말을 제일 먼저 자신에게 하는가?(너무 피곤하다? 준비가 아직 안 되었다? 지금 실행하는 것은 시간 낭비이다?)
1. 적극적으로 미루고 있음을 처음 인식하면 어떤 일이 발생하는가?(시시하고, 지루하고, 징조가 좋지 않다고 생각하는가?)

미루는 과정을 거꾸로 놓으면 다음 사항을 성취한다. 첫째, 과정을 다른 방법으로 분석할 수 있다. 둘째, 벌어지고 있는 일에 대한 다른 시각을 가진다. 셋째, 미루고 있는 것에 대해 실제로 자신이 어떤 일을 했는지 알게 된다. 넷째, 자신이 행동에 옮길 때라고 판단한 결심의 시점을 파악한다. 다섯째, 방해가 되거나 더욱 미루게 하는 산만함이 있다는 사실을 인식한다.

행동에 옮기겠다는 결심의 시점과 행동 자체에 초점을 맞춤으로써 미루는 습관을 깨뜨릴 수 있을 것이다. 지속적으로 실행에 옮기다 보면 습관의 과정을 조절할 뿐만 아니라, 경쟁력을 한층 높이는 효과도 누릴 것이다.

**미루는 습관에서
벗어나기 위한 Tip**

상호 보완할 방법을 찾는다

미루는 습관은 나름의 공통분모를 가지고 있음을 알았을 것이다. 미루는 습관의 이러한 성격은 긍정적으로 작용한다. 미루는 습관을 다루는 법을 여러 가지 형태에 적용할 수 있기 때문이다. 미루는 과정을 모두 기록해 보고, 실천 계획을 만들어 보자. 미루는 습관에서 벗어나기 위해 자신의 계획에 활용해야겠다고 생각하는 아이디어는 무엇인가? 더불어 자신이 실행할 수 있는 행동들을 적어 보자. '지금 당장 시행하라'는 결과를 얻어 내는 데 도움이 될 것이다.

미루는 습관을 만드는 요소

 미루는 습관은 복잡한 상황과 결합되어 나타난다. 예를 들어 할 일을 지속적으로 미루는 사람들은 우유부단함, 회피, 욕구 불만, 반항심, 실패에 대한 두려움, 무관심, 지루함, 충동 자제의 어려움과 같은 요소들에 의해 이끌려 다니며, 시기적절한 일을 나중으로 미룬다.
 이번 장에서는 내가 미루는 습관과 관련하여 발견한 네 가지의 공통적인 상황에 대해 살펴볼 것이다. 상황들은 종종 중복되어 때로는 서로를 분리하는 일마저 힘이 든다. 그러나 핵심적인 문제 해결 방법은 상황들이 미루는 습관에 기여하지 못하도록 막아 준다.

욕구 불만의 내성과 불안

우리들 중 아무도 욕구 불만의 감정을 완벽하게 피하지는 못한다. 하루에도 몇 번씩 방해를 받거나, 목표를 달성하는 데 장애물이 생긴 것을 발견한다. 당신의 불만거리 목록에도 다양한 욕구 불만이 적혀 있을 것이다. 만약 당신이 우체국에 갔는데, 행동이 느린 사람이 어떤 우표를 살지를 결정하지 못해 직원을 붙들고 있다면? 눈코 뜰 새 없이 바쁜 와중에 동료가 쉬지 않고 떠들어 댄다면? 상점에 전화를 할 때마다 분노를 느끼게 될 정도로 오랫동안 기다리게 된다면? 욕구를 해결하지 못해 불만만 한가득 쌓일 것이다.

욕구 불만의 상황에 부정적인 사고가 더해지면 욕구 불만의 강도는 상승된다. 우체국에 서서 차례를 기다리는 동안 당신은 더 이상은 못 참겠다고 생각하기 시작한다. 손가락을 가만두지 못하고, 심장 박동은 빨라진다. 욕구 불만의 내성 영역에 들어선 것이다.

당신은 욕구 불만을 간단하게 해결하지 못할 거라고 판단하고 "너무 어려워", "어디서 시작해야 할지 모르겠어", "지금은 못 하겠어"와 같은 변명거리를 이용해 자신에게 급격한 후퇴를 지시한다. 우선순위에 따라 처리하는 대신 미루기로 작정한 것이다. 자신이 느끼는 불안에 과도하게 집중할 때 미루고 싶은 경향은 더욱 커진다.

욕구 불만의 내성이 지속되면 욕구 불만의 내성 장애로 이어진다. 작은 도전을 시도하는 일에도 극도로 긴장하고, 마치 회피가 유일한 선택인 것처럼 받아들인다. 때로는 욕구 불만의 정신 상태와 긴장이 불행의 감정과 짝지어져 부정적인 사고를 유발하기도 한다.

욕구 불만의 독백

욕구 불만 혹은 욕구 불만 장애라는 상태에 갇히면 행복감을 충분히 느끼지 못한다. 기분을 온전히 느끼기를 기다리는 일은 전둔 레스토랑에서 메뉴가 바뀌기를 기다리는 것과 같다. 메뉴가 마음이 들지 않는다면 장소를 다른 곳으로 옮겨야 하듯, 결국 욕구 불만의 내성을 기르는 수밖에 별다른 도리가 없다.

욕구 불만의 내성을 기르는 방법에는 욕구 불만의 독백을 파악하는 과정이 포함된다. 흔히 욕구 불만의 과제에 대면하면 "너무 힘들어", "도저히 못 참겠어", "이렇게 불편하게 해야 하다니, 말도 안 돼" 등을 스스로에게 말할 것이다. 이런 말이 바로 욕구 불만의 독백이다.

욕구 불만의 내성 다루기

수행해야 할 과제를 떠올리면 '너무 힘들다'라는 생각이 자동적으로 연상되는가? 그렇다면 과제 수행에서 자신이 감당할 부분은 어느 곳이며, '너무' 힘든 부분은 또 어디인가? 과제를 성공적으로 끝마치지 못할까 봐 불안하다면 불안을 극복하기 위해 어떻게 해야 하는가?

욕구 불만의 내성에 담긴 진짜 의미를 파악함으로써 문제를 보다 객관적으로 들여다보는 동시에 불안을 제거해야 한다. 자신이 우선적으로 해야 할 일이 있을 때 욕구 불만이 솟구치면 스스로에게 왜 하고 싶지 않은지 물어본다. "나는 그것을 하고 싶지 않다. 왜냐하면 너무 불편하다, 너무 어렵다, 싫어하는 일을 억지로 하는 것은 못 참겠다" 등이 하나의 예이다.

만약 활동이 너무 불편하다고 대답한다면, 불편하게 느끼는 요인은 무엇인지 곰곰이 따져 본다. 과제가 친숙하지는 않지만, 참지 못할 정도는 아니라는 사실을 깨달을 것이다.

욕구 불만의 내성을 다루기 위해 PURRRR을 활용하는 것도 좋은 방법이다.

1. 진행 과정에서 저항감을 경험하는 상황을 접하면 바로 중지한다.
2. 행동하기를 거부함으로써 미루고 싶은 충동을 억누른다.
3. 욕구 불만을 피하고자 대체된 행동에 대해 심사숙고한다.
4. 욕구 불만의 독백을 평가한다. "나중에 하면 되겠지"라고 했던 태도가 당신을 어떻게 만들었는지 되짚어 보라. 대개 프

로젝트를 구성하고 나면 자신이 무엇을 잘하는지 잊어버리는 탓에 불안을 경험한다. 그렇다면 자신이 가장 먼저 취할 만한 단계를 살펴보라. 자신이 다룰 수 있는 한 가지 측면이 있기 마련이다. 상황을 판단하는 과정을 통해 미루고 싶은 유혹을 떨쳐 내고 행동으로 옮길 준비를 한다.

5. 욕구 불만을 깨뜨리기 위한 단계를 밟는다. 이때 행동의 방향을 자신에게로 향하도록 고려하고, 생각을 딴 곳으로 돌리는 충동을 억제한다. 그다음 성취의 방향에 맞춰 자신의 계획을 따른다. 첫 번째 단계가 끝나면 곧바로 두 번째 단계를 밟으며, 욕구 불만의 독백 때문에 미루곤 했던 일을 실행할 수 있는 힘을 얻을 때까지 지속한다.

6. 난항을 겪게 되면 자신에게 내린 지시를 수정한다. 미루는 관성을 타파하고자 하는 행동은 과녁의 중심을 향하는 화살처럼 움직인다. 모든 화살이 과녁의 중심을 맞히는 것은 아니지만, 연습과 기술의 조정을 통해 적중률은 얼마든지 높아진다. 상황 판단과 반응이 활을 당기는 행위라면, 수정은 조정의 단계와 유사하다. 행동의 결과를 살피고, 목적과 방법을 조정한다. 새로운 기법을 도입하거나, 놓친 과정을 추가해도 된다.

자기 회의

자기 자신을 의심하는 사람들은 행동을 망설이고 미루는 데 능숙하다. 그들은 성공이 보장되어 있지 않다면 새로운 도전을 기피한다. 그저 생산적인 행동을 미루며, 보장이 확실하게 결정이 날 때까지 무작정 기다리기만 할 뿐이다.

자기 회의와 불안이 상호 작용하면 '의심-불안-회피'라는 불합리한 순환을 부추긴다. 확인되지 않은 '의심-불안-회피'의 순환은 자존심에도 영향을 미친다. 낮은 자존심 때문에 힘들어하는 사람들은 대개 자신의 부정적인 기분에만 집중한 나머지 시간과 노력을 투자하는 일에는 소홀하다. 그런 행동이 오히려 심한 자기 회의의 감정을 부채질한다는 사실을 깨닫지 못한 까닭이다.

때로는 긴장을 늦추면 실천하지 못할지도 모른다는 두려움 때문에 자신을 몰아세우기도 한다. 강제적으로 노력하는 데만 치중하여 여유롭게 실현을 이룰 방법을 찾는 일에는 상대적으로 신경 쓰지 않는다.

자기 회의적 관점 바꾸기

자기 회의적 관점을 바꾸는 데 필요한 두 가지 기본적인 도전 과제가 있다. 첫째는 사실을 바탕으로 한 신념 체계의 형성이며, 둘째는 자기 규제의 기술과 자기 효능감을 개발하기 위해 불필요한 미루는 습관을 거부하는 것이다.

자기 회의, 자기비판, 머뭇거림이라는 미루는 순환을 이해하고자 한다면 자신을 돌이켜 보는 일은 매우 중요하다. '예외 없이 미루게 될 때 불안이나 불확실함을 견뎌 내는 자신만의 노하우가 있는가?'라는 질문은 의심으로 인해 미루게 될 때 자신이 무엇을 생각하는지 조사할 토대가 된다.

자기비판과 머뭇거림은 미루는 습관으로 이끄는 우유부단함의 전형적인 형태이다. 가끔은 실수를 피하고 싶다거나, 자신의 선택이 안전하다는 압도적인 확신 없이는 실천으로 옮기고 싶지 않을 것이다. 그 결과 말끝을 흐리고, 쓸데없이 자기 자신에 대해 트집을 잡고, 끊임없는 가능성에 관해 걱정한다. 어떤 상황은 명확성을 얻기 위해 맞설 때까지 모호할 수도 있는데 말이다.

머뭇거림의 단계에서는 차라리 판단을 그르치게 되었을 때 무엇을 배울지 생각하는 편이 좋다. 어떤 방향에 대해 51퍼센트의 확신이 있다면 초기의 행동 결과를 알게 되었을 때 수정해야 할 것이다. 그러나 51퍼센트는 진행되는 상황을 살펴보기 위한 행동의 동기에 불과하다는 사실을 염두에 두어야 한다.

상황적 가치

시간을 기준으로 하는 실적 지향 사회에서 사람들의 재정적 가치와 지위는 얼마나 효율적으로 시간을 활용하는가와 결부된다. 불행하게도 시간과 생산의 문화에 속한 사람들은 시간에 따른 성과로부터 총체적인 가치를 판단하는 우를 범한다. '시간을 현명하게 활용하면 가치 있는 사람이고, 그렇지 않다면 가치 없는 사람이다'는 말은 상황적 가치의 공식적인 형태로, 역시 불합리한

면을 내포하고 있다. 그러나 어느 정도 일리가 있는 말이기도 하다. 시간을 현명하게 활용하면 이득을 얻고, 헛되이 낭비하면 대가를 치르기 때문이다.

당신이 시간을 잘 활용하여 훌륭한 성과를 올렸다면 가치의 지수는 상승한다. 문제는 요요yo-yo에 올라타고 있는 것과 같다는 점이다. 상승 시점을 느낌과 동시에 하락할 것을 걱정한다. 나아가 인간으로서의 가치는 시간 활용의 효율성에 좌우지된다는 생각에 극심한 스트레스를 경험하고, 스트레스는 미루는 습관으로 이어지는 악순환을 거듭한다.

우수해지고자 하는 분투는 소중한 보상이라는 결과를 낳는다. 자신이 활용 가능한 시간과 자원 안에서 최선을 다하는 것은 "나중에 이룰 수 있을 거야"라고 막연하게 미루는 상태보다 큰 혜택과 이익을 가져다준다. 또한 일이 잘못될까 걱정하는 대신 자신이 무엇을 할 수 있는지에 초점을 맞추는 일은 긍정적인 마음가짐을 가지도록 도와준다.

대부분의 사람에게 '성과와 가치는 일치한다'는 신념은 악몽과도 같다. 특히 가치 있는 사람이 되기 위해서는 부와 권력을 쟁취해야 한다고 배우는 남성들에게는 더더욱 그렇다. 이러한 신념은 미루는 습관을 야기한다. 성공에 대한 기대가 높은 사람은 실패할지도 모른다는 두려움에 즉각적으로 미루는 길로 접어들고는 한다. 완벽주의자들도 마찬가지다. 사람의 가치는 성공 혹은 실패로 측정된다고 믿는 탓에 자신이 기준 이하로 떨어진다고 생각되면 곧바로 실패의 영역으로 들어갔다고 간주해 버린다.

상황적 가치의 관점 바꾸기

개인의 가치란 성과에 좌우되지 않는다는 사실을 받아들여야만 비현실적인 기준에 자신을 묶어 두는 일이 없다. 상황적 가치에 대한 신념을 바꾸기 위해 다음의 원리를 실천해 보자. 자신의 부족한 부분을 충족시켜 줄 뿐만 아니라, 실패에 대한 두려움을 제거해 주는 효과를 거둘 것이다.

- '지금 당장 시행하라'를 따름으로써 최고를 추구한다.
- 적절한 휴식을 통해 균형을 맞춘다.
- 자신의 자원을 늘릴 도전을 시도한다.
- 자신이 가장 소중하게 생각하는 이상과 꿈을 실현하기 위해 노력한다.

완벽주의

완벽주의자들은 미루는 습관을 공개적으로 초대한다고 해도 과언이 아니다. 그들은 무엇이 잘못되었는지, 무엇이 잘못되어 가고 있는지, 무엇이 잘못될지 생각하느라 행동을 미룬다. 실수와 실패에 민감하게 반응하며, 자신은 물론 상대방에게 100퍼센트의 만족도를 요구하여 일의 효율성을 떨어뜨린다.

완벽주의자의 관점은 '자기 나름의 가치'로 해석되는데, 바로 그 자기 나름대로의 가치에서 '요구적' 사고가 나온다. 자신이 설정한 목표에 조금이라도 못 미치면 "멍청한 것 같으니, 더 잘했어야지" 혹은 "제대로 좀 못 해?" 등과 같은 고압적인 말들을 내뱉는다. 그 결과 멍청하다는 느낌을 피하기 위해 아픔을 느끼는 영역에서 미루는 습관을 형성한다.

대부분의 완벽주의자는 비교적 생산적으로 일을 완수하지만, 과도하게 요구적일 때가 있다. 엄중한 규칙과 기준을 준수하기를 원하며, 성과를 이루고자 스스로를 몰아세우고 스트레스를 준다. 강경한 방식으로 자신을 압박하고, 성과를 위해 흘린 땀의 대가에 대해 만족하는 일도 드물다. 만약 다른 사람들의 기대와 스스로에게 거는 기대가 상충되면 비합리적인 두려움에 사로잡히기도 한다.

어떤 완벽주의자들은 안전이 보장되어야만 도전에 응한다. 실패를 두려워한 나머지 안전 확보에 지나치게 치중하는 것이다. 보장을 받지 못하는 한이 있더라도 안전하게 행해야만 한다는 생각이 행동을 지배해 버린다. 그로 인해 사소한 판단을 하는 것조차 겁을 먹는다. 결국 자신에게 남는 것은 처리하지 못해서 산더미같이 쌓여 있는 일뿐인데도 말이다.

완벽주의자의 관점 바꾸기

완벽주의자의 '요구적' 사고와 반대되는 개념으로 '열망적' 사고가 있다. 열망적 사고란 선호, 바람, 기대, 희망의 측면에서 사고하는 것을 뜻한다. 절대 불가능한 완벽을 요구하지 않는다. 자신이 활용 가능한 시간, 정보, 자원 안에서 최선을 다하면 그뿐이다. 필요에 따라 추가적인 정보를 모을 수도 있지만, 적절한 시간 내에 완수하는 것을 목표로 삼는다.

요구적 사고는 비합리적인 기대 속에서 요구 사항을 끝까지 관철시키는 데 중점을 둔다. 반면 열망적 사고는 이성적인 판단과 합리적 선택을 최우선으로 여긴다. 요구적 사고와 열망적 사고를 파악하기 위해 다음의 도표를 활용한다. 현재 직면한 상황으로부터 앞으로 무슨 일이 일어날지 예상하기 위해 요구적 사고와 열망적 사고의 관점으로 빈칸을 채워 보자. 비교를 통해 열망적 사

요구적 vs 열망적

현재 직면한 상황 : ....

요구적 사고	열망적 사고
1. 자신에게 부과한 성과 :	1. 이루고 싶은 목표 :
2. 기대에 못 미쳤을 때 자신을 평가하는 방법 :	2. 기대했던 것보다 성과가 떨어질 때 자신을 평가하는 방법 :
3. 자책을 피하기 위한 해결책 :	3. 감정을 보다 강하게 단련시키기 위한 조정 :

고가 주는 이점을 보다 확실하게 이해할 것이다.

다양성의 결합

미루는 습관이 섞이면 버겁고 억압적으로 느껴질 것이다. 어쩌면 "나는 무슨 일을 하더라도 실패할 게 뻔하며, 미루는 습관에서 벗어나기 위한 노력은 시간 낭비일 뿐이다"라고 스스로에게 말할지도 모른다. 그러나 다양한 미루는 습관으로부터 마음의 무게를 가볍게 할 만한 결합을 얼마든지 추출해 낼 수 있다. 다음의 평가 과정은 미루는 습관의 결합에 대항하도록 도와준다.

1. 무엇이 미루는 습관에 직면하는 일을 힘들게 만드는지 따져 본다.
2. "안전함이 보장되어야만 미루는 습관을 극복할 수 있는가?"라고 스스로에게 물어본다.
3. 성공을 가로막는 장애물이 무엇인지 추측해 본다.
4. 장애물을 제거하는 방법 중에서 자신이 선택할 기본 단계가 있는지 알아본다.
5. 미루는 습관에서 벗어나기 위한 노력을 왜 시간 낭비라고 여기는지 곰곰이 생각해 본다.

**미루는 습관에서
벗어나기 위한 Tip**

단순하게 생각한다

때로는 가장 간단한 설명이 훨씬 정확할 때가 있다. 미루는 습관에서도 이러한 접근법을 적용해 보면 어떨까? 복잡한 방법 대신 간단한 아이디어를 검토하는 것이다. 예를 들어 당신은 이웃이 야생 토끼의 침입을 막기 위해 채소를 심은 정원에 울타리를 쳐 놓은 현장을 목격했다. 이때 이웃이 야생 동물을 멸종시키려는 계획이라고 생각한다면 억지 해석이다. 가장 간단한 설명은 당신의 이웃은 자신의 정원을 보호하고 싶다는 것이다.

미루는 습관에 대한 가장 간단한 정의는 해야 할 일을 지속적으로 미룬다는 것이고, 가장 간단한 해결책은 미루고자 하는 유혹에 빠지는 대신 바로 실행에 옮기는 것이다. 물론 간단한 선언만으로는 미루는 습관과 맞서기에 역부족이다. 그럴 때는 이 책에서 제시한 여러 방법을 통해 그다음 단계로 넘어간다.

중요한 일부터 먼저 하라

　가장 강력한 미루고 싶은 충동은 자신의 모습을 숨긴 채 다가온다. 자신의 인생에서 누락된 도전이 있었음을 알아차리고 해결 방법을 모색해 봤자 이미 늦었다. 미룬 결과인 공백을 발견할 뿐이다.
　실패할까 두려워 억제된 인생을 살 것인가? 다른 사람을 기분 나쁘게 하지 않기 위해 지체 상태로 둘 것인가? 불안한 걱정 때문에 다른 사람들이 자연스럽게 즐기는 인생의 즐거운 영역에서 소외될 것인가? 자신의 인생을 돌이켜 보라. 있을 법 하지만 잃은 것은 무엇인가? 자신의 능력으로 가능하다고 생각되는 공백들을 채우기 위해 기꺼이 시행할 일은 무엇인가?

이론의 세계 탈출하기

이론의 세계에서 당신은 언제나 효율적으로 움직이고 우선순위에 따라 중요한 일부터 먼저 실행한다. 그러나 당신이 사는 세계는 이론의 세계가 아니다. 하고 싶지 않은 일들이 쌓여 있고, 지금 당장 시작해야 하는 일을 미루고자 하는 강한 유혹을 느낀다.

현실 세계에서는 '중요한 일부터 먼저'라는 이론이 '나중이 더 낫다'는 미루는 이론과 자주 충돌한다. 진퇴양난의 딜레마에 빠진 것처럼 말이다. 이런 딜레마를 두고 16세기 영국의 극작가이자 시인인 윌리엄 셰익스피어William Shakespeare는 "할 것이냐, 말 것이냐, 그것이 문제로다. 잔인무도한 미루는 고통이 더 나을까, 아니면 생산적으로 실천하는 것이 나을까, 그것이 마음을 어지럽히는 문제로다"라고 말했을지도 모를 일이다.

셰익스피어의 질문에 답하기 위해 미루는 목록에 관한 다음의 열 가지 질문을 완성해 보자. 자신이 가지고 있는 문제점을 파악하고 사고를 체계화하는 데 도움이 될 것이다.

1. 미루고 싶은 영역 중에서 바꾸고 싶은 주요 영역은 무엇인

가?(가장 힘든 질문일 수도 있으나, 모든 것은 부드러운 이면이 있기 마련이다)
2. 주요 영역을 정복하여 이루고자 하는 것은 무엇인가?(실제적인 혜택뿐만 아니라, 사고와 감정의 이점을 생각해 보라)
3. 대체된 활동은 일반적으로 어떤 것인가?(우선순위를 수정하도록 심사숙고한다)
4. 미룬 활동들을 합리화하기 위해 스스로 한 말은 무엇인가? (예: 나중에 더 잘할 것이다)
5. 우선순위의 영역을 미룰 때 어떤 감정을 경험하는가?(욕구 불만, 분노, 죄책감, 불편함, 반항심 등)
6. 미루는 습관으로 인해 발생한 단기적, 장기적 결과는 무엇인가?(어떤 점을 잃었는가?)
7. 미루는 습관을 깨뜨림으로써 제거하고 싶은 문제점은 무엇인가?(문제를 회피한 결과 무엇을 보상받았는가?)
8. 미루는 습관을 깨뜨림으로써 얻는 긍정적인 이익은 무엇인가?(안도감?)
9. 미루는 습관을 회피함으로써 기대했던 효과는 무엇인가?(효력이 발휘된 부분을 찾는 데 단서가 된다)
10. 미루는 패턴으로 돌아오기까지 얼마나 오랫동안 미루는 습관에서 벗어나 있었는가? 재발한 이유는 무엇이라고 생각하는가?(재발을 방지하기 위한 단계를 설정하는 데 도움을 준다)

질문에 대한 답은 대부분의 사람이 당면한 후퇴, 일탈, 재발이라는 문제를 규명하는 데 유용하다. 당신도 대부분의 사람과 같은 경우라면 주도적이고 적극적인 추진의 패턴을 실행하기 전에 여러 번 후퇴를 경험할 것이다. 그러나 후퇴 후에 정지해 있을 필요는 없다. 이전에 했던 일을 다시 하면 된다. 일탈과 재발을 방지하기 위해 수정된 계획을 갖고 말이다. 예를 들어 지갑 크기의 카드를 만들어 한쪽 면에 미루고 싶은 충동을 억누르기 위해 자신이 할 세 가지 구체적인 행동을 적는다. 다른 면에는 미루고 싶은 마음 상태로부터 유동적인 사고로 전환하도록 도와주는 세 가지 아이디어를 적는다.

미루는 습관을 줄이기 위한 5단계

미루는 습관을 줄이기 위한 5단계는 적극적인 대책을 얻는 가장 강력한 방법으로, 행동 양식은 물론 목표를 성취하기 위해 필요한 기술 능력을 개발하려면 어떻게 해야 하는지 알려 준다. 5단계를 따름으로써 미루는 습관의 근본을 허물 수 있다.

1단계 : 미션 설정

미션은 행동의 지침을 주는 비전으로, 목표를 위해 앞으로 무엇을 할지 설정하는 것을 말한다. 예를 들면 '설득력을 향상시키기 위해 사람들 앞에서 자신을 효과적으로 표현한다'와 같다. 표현 기술을 향상시키는 것처럼 단기적인 도전이나, 다이어트 프로그램을 짜서 건강을 지키는 것처럼 평생에 걸친 도전을 다룬다.

미루는 습관을 가진 사람들에게는 각기 다른 도전이 있다. '승진 대열에 오르기 위해 보고서는 제시간에 완성한다'와 같이 상세한 것일 수도 있고, '나의 인생을 책임지기 위해 미루는 습관이라는 장애를 적극적으로 극복한다'와 같이 일반적일 수도 있다. 상이한 형태의 미루는 습관을 다룰 때 미션의 설정은 다음의 사항을 따른다.

- 미루는 습관을 조장하는 부정적인 사고에 도전함으로써 미루는 행동을 줄인다.
- 사회적 활동에 참여함으로써 사회적 두려움에 맞선다.
- 생산적인 행동을 실천함으로써 무력감을 제거한다.
- 미루는 습관을 회피하는 활동들에 내재된 명분들을 공격함으로써 문제 해결 기술을 개발한다.

2단계 : 목표 세우기

1859년 미 상원의원 칼 슐츠Carl Schurz는 "이상은 별과 같다. 손으로 만지지는 못해도, 망망한 바다 위의 항해사처럼 별을 안내자로 선택하고 따르면 목적지에 이른다"라고 말했다. 우리가 하는 대부분의 일은 목표 지향적이다. 목표를 설정하고 실행하는 일은 자기 계발을 위해서 필수적인 과정이다.

다음은 목표를 설정하는 데 염두에 두어야 할 일곱 가지 지침이다. 목표를 설정하기에 앞서 지침을 숙지하는 것부터 먼저 하기 바란다.

- 목표가 미션에 적합한 것인가? 궁극적으로 목표가 갈망하는 것을 포함해야 지속적인 동기 부여를 받는다.
- 목표는 자원을 마음껏 펼치도록 방향을 제시해 주어야 한다.
- 현실적인 목표를 설정한다. 도전적이지만 성취 가능한 목표는 행동의 질을 상승시키는 효과가 있다.
- 정복할 수 있는 목표를 설정한다. 새로운 도전을 극복함으로써 개인의 경쟁력을 향상시킨다.
- 스스로에게 성과 목표를 부여한다. 예를 들면 '마감 기한이 되기 일주일 전에 모든 청구서를 지불한다'와 같다. 성과 목표는 도전을 극복하도록 이끌어 준다.
- 본질적인 목표와 부수적인 목표를 혼합한다. 본질적인 목표는 갈망하는 것을 이루고자 기울이는 노력이고, 부수적인 목표는 보상을 얻기 위해 또는 처벌을 피하기 위해 일을 감행하는 것을 말한다. 시험을 잘 보기 위해 미리 공부하는 것은 좋은 성적이라는 보상을 얻게 하고, 형편없는 점수를 피하도록 해 준다.
- 목표를 세분화한다. 만일 대중 연설의 두려움을 이겨 내는 것을 목표로 삼았다면 세 가지로 나눠서 진행한다. 첫째, 대

중 연설 수업을 듣는다. 둘째, 실습 프로젝트를 계획한다. 셋째, 사람들 앞에서 실습 프로젝트에 대한 계획을 발표한다. 이렇듯 진보를 측정할 때 자신이 올바른 방향으로 향하고 있음을 깨닫게 된다.

처음에는 한 번에 한 가지 목표에 중점을 두고, 점차 다른 목표로 이동하는 것이 좋다. 물론 반드시 그렇게 할 필요는 없다. 목표를 성취하는 데 심한 압박에 시달리고 있는 경우에는 긴급한 우선순위를 먼저 다루면 위기 상황으로까지 몰리지는 않는다.

목표를 다소 애매모호하게 설정했다면 다른 기준을 적용하여 보다 분명하게 만든다. 감정, 생각, 행동의 기준을 자신의 진보를 측정하는 지침으로 활용하는 것이다. 설명을 위해 대중 연설의 두려움을 극복하는 목표를 계속해서 예로 들어 보자.

<u>감정적 기준</u> : 대중 앞에서 두려움 없이 말하기 위해 '두려움의 온도계'를 만들어 본다. 먼저 감정의 온도가 0도(두려움이 없는 상태)에서 100도(자신이 느끼는 최고의 두려움)에 이르는 온도계를 그린 후 여러 장 복사한다. 그런 다음 사람들 앞에서 말할 때 얼마만큼 두려움을 느끼는지 온도계를 이용하여 기록한다. 기록을 검토하다 보면 말을 많이 할수록 두려움의 수치가 낮아진다는 사실을 알게 될 것이다.

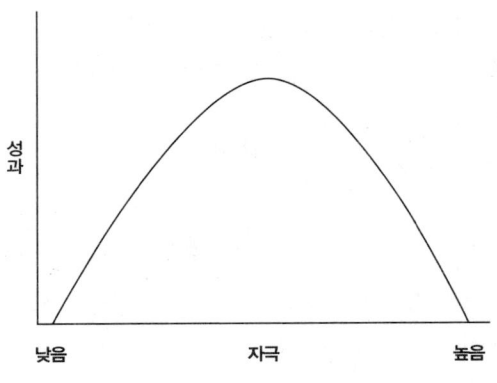

여키스-도슨 곡선

당신은 감정의 범위를 어디에 설정할 것인가? 다음의 여키스-도슨Yerkes-Dodson의 반전된 U 곡선(∩)은 감정의 기준치를 보여 준다. 성과는 자극의 수치와 관계있다. "예, 아니오"로 대답하는 것과 같은 낮은 자극은 성과에 크게 영향을 주지 않는다. 그러나 높은 자극은 욕구 불만 또는 스트레스를 유발하여 성과를 거두지 못하도록 방해한다.

나는 곡선상의 두 점 사이의 영역에서 재미있는 점을 발견했다. 최적의 영역에서 욕구 불만의 자극은 목표 지향적 행동에 도움을 준다. 자극의 최적화된 수치는 추진적 스트레스(p-스트레스)를 낳는데, 긍정적인positive 방향으로 행동을 유도하기 때문이다. 반면 대중 앞에서 말할 때 느끼는 극도의 두려움은 부정적인destructive

형태의 스트레스(d-스트레스)를 낳으며, 소기의 성과를 거두는 데 걸림돌로 작용한다. d-스트레스는 치명적인 스트레스로, 미루는 습관을 일으키는 요소이다.

인식적 기준 : 인식적 기준은 부정적인 독백을 줄이고 객관적인 독백을 늘리기 위해 자제력을 키우는 것이다. 감각의 결핍과 과장에 대해 곰곰이 생각할 때 우리는 스스로를 평가하는 데 집중한다. 그 결과 다른 사람이 생각하거나 생각하지 않는 것에 덜 걱정하게 되며, 보다 명확하게 사고하게 된다.

행동적 기준 : 계단 오르기처럼 행동 계층을 만든다. 예를 들면 연설을 하기에 앞서 여러 사람이 모인 장소에 가서 "안녕하십니까?"라고 자신이 먼저 말을 건네고, 또 다른 장소에 가서 처음보다는 길게 다양한 사람과 이야기를 나눠 본다. 이런 식으로 대중 앞에서 편하게 말할 때까지 행동을 더해 간다. 단, 이전 단계의 행동이 익숙해져야만 다음 단계로 나아갈 수 있다.

만약 행동이 단순하다고 생각된다면 자신이 감당할 만큼의 두려움을 느낄 때까지 높인다. 결국 자신의 목표를 달성할 적합한 위치에 도달하게 될 것이다.

행동적 기준이 충족되면 감정적, 인식적 기준과도 결합시킬 수 있다. 대중 앞에서 말을 잘하게 되면 자신의 행동을 조절한다는 느낌을 받고, 그로 인해 감정의 온도계도 최적의 성과 영역에 놓이게 된다.

인간은 변화를 추구하는 노력 앞에 실패의 장애물을 두는 탁월한 능력을 갖고 있다. 장애물에는 잘못된 추측, 그릇된 목표, 비합리적 기준이 포함되며, 어떤 장애물은 불안을 완전히 극복한다는 것과 같이 불가능한 목표를 의미한다. 이를테면 다음과 같다.

- 오래도록 미루는 문제를 근절하기 위해 긴박한 목표를 설정하면 오히려 새로운 도전에 직면하게 된다. 긴박함은 종종 잘못된 방향으로 이어져 높은 자극으로 유도되기 때문이다. '천 리 길도 한 걸음부터'라는 말이 있다. 하나의 작은 단계부터 밟아 나가야만 미루는 패턴을 깨뜨린다.
- 안전한 목표는 종종 비생산적인 목표로 탈바꿈한다. 쉽게 이루긴 해도 문제 해결에는 적합하지 않다. 예를 들어 미루는 습관을 줄이기 위해 매일 아침 8시에 심호흡을 한다는 목표를 세웠다면 소기의 성과를 거두기 어렵다.
- 목표의 기준이 명확하고 구체적일지라도 성취하지 못할 때가 있다. 매일 긍정적으로 생각하고 절대 미루지 않겠다는 목표를 설정했다고 하자. 결과를 확신하는 방법은 무엇인가? 비합리적인 목표는 실패의 지름길이 되기도 한다는 사실을 명심해야 한다.

3단계 : 계획 수립

계획은 중도에 발생할지도 모를 불가피한 장애물을 제거하기 위한 방법은 물론 감정, 시간 비용의 예측, 변화에 적응하기 위한 조정 등을 포함하는 목표 이상의 것이다. 대중 연설의 두려움을 극복하는 계획의 구조를 예로 들어 보면 다음과 같다.

1. 구체적인 날짜를 정해 해당 교육 과정에 등록한다.
2. 수업에 참여하는 동안 자료를 수집하고 체계화함으로써 발표 준비를 한다.
3. 수업 시간에 발표 시간을 갖는다.
4. 수업 시간에 자발적으로 한 가지씩 말한다.
5. 수업을 마치고 나면 두려움과 관련된 생각을 적고, 두려움이 어떤 결과를 낳았는지 분석한다.
6. 불안한 감정을 일깨우는 부정적인 생각을 파악한다.
7. 두려움을 이겨 낸다.

어떤 계획을 세우든 상황의 진전에 따라 수정을 거듭한다. 계획도 목표처럼 얼마든지 변할 수 있다. 아마 이 책을 다 읽고 나면 당신의 우선적인 계획에 부가적인 요소가 첨부되었음을 발견할 것이다.

4단계 : 계획의 실행

 미루는 습관에 대항하기 위한 계획은 동기와 연관되어 있다. 그렇다면 부정적인 동기를 능가하는 긍정적인 동기는 어떻게 구축하는가? 한 가지 확실한 방법은 미루는 과정을 면밀히 평가하여 정체를 밝히는 것이다. 단, 도전에 맞서기 위해 비판적 사고 기술을 지속적으로 활용하려는 의지를 가지려면 부단한 노력이 필요하다는 사실을 알아야 한다.

 동기의 형태는 개념적인 것으로, 미루기보다 실행에 대한 큰 형태를 명확하게 인식할 때 발생한다. 동기를 부여받으면 혜택을 얻기 위해 보다 집중하게 되며, 미루는 상황에 맞설 때 경험하는 반감이나 피곤도 감소하는 효과를 누리게 된다.

 계획의 실행을 불필요하게 지연시키는 장애물을 제거하는 방법은 사고의 전환이다. 미루는 습관은 두 가지의 강력한 보상을 제공한다. 즉각적인 안도감을 느끼게 하는 단기적 보상과 결과를 아예 회피하게 하는 장기적 보상이다. 두 가지 보상은 미루겠다는 결정을 보다 쉽게 하게끔 만들고, 나중이 더 나을 것이라며 헛된 기대에 차서 후퇴하게 만든다.

 미루겠다는 결정은 아주 강력한 미루는 습관으로 뿌리내릴 수 있다. 날씬한 몸매를 만들기 위해 헬스클럽에 다니기로 했다고 가정해 보자. 이때 실제로 해야 할 행동들에 다른 사람의 몸매와 자신의 몸매를 비교하는 일을 포함시킨다. 그 순간 상대적으로 볼품없는 자신의 몸매를 들여다보는 일이 두려워지기 시작한다.

땀에 절어 초라해진 이미지가 연상되고, '날씬해진다고 뭐가 달라지겠어?'라는 생각에 사로잡힌다. 일단 집에서 혼자 운동하기로 결심한다. 하지만 얼마 못 가 집에서의 운동도 미룬다. 효과적으로 운동하는 법을 모른다는 핑계를 대며, 운동과 관련한 책부터 구입해서 읽기로 한다. 안타깝게도 책은 빌려준 물건은 결코 돌려주지 않는 친구에게 맡겨진다. 나는 이런 상태를 비교주의comparativitis라고 부른다. 비교주의는 소극성, 염세주의, 불안과 밀접하게 연결되어 있다.

소극성이 지배하는 영역은 미루는 습관이 발생할 위험이 있다. 따라서 소극성을 도전으로 전환하는 방법을 모색하는 일은 실행에 옮길 기회를 증가시켜 주며, 부정적인 편견을 벗어 버리는 이점을 가져다준다.

5단계 : 진보에 대한 평가

평가가 노력의 결과를 규정하지는 않는다. 목표를 달성하기 위해 정한 기준에 다소 못 미치더라도 실수를 통해 얻은 정보를 건설적으로 활용하거나, 계획을 조절하는 방법에 적용할 수 있다. 다음은 평가할 때 살펴봐야 할 사항들로, 자신이 현재 처한 상태와 목표를 비교하여 불균형을 줄이는 데 이용하면 좋다.

- 행동 전략과 잠재적 혜택 간의 관계를 분석한다.
- 자신에게 부여된 책임을 받아들인다.

- 목표의 설정, 계획 수립, 자원의 배치, 계획의 점검 등 자기 관리 과정에 참여한다.
- 장애물과 같은 골칫거리를 관리한다.
- 피드백을 기반으로 자기 계발의 기회를 촉진한다.
- 객관적인 경험으로부터 지식을 구축한다.

한 번의 시도로 미루는 습관을 없애는 것은 사실상 불가능하다. 미루는 습관을 극복하는 데 필요한 도구를 파악하고 좋은 용도로 활용하기 위해서는 시간과 노력을 지속적으로 투자해야 한다. 이때 평가는 필수적이며, 매우 중요한 과정이다. 제시간에 서류를 완성한다는 목표를 성취하는 데 3개월이 걸렸다거나, 미루고 싶은 충동에 맞서 15번 저항했다는 사실은 평가를 통해 확인된다.

**미루는 습관에서
벗어나기 위한 Tip**

열 번 찍어 안 넘어가는 나무 없다

미루는 습관은 수많은 뿌리(핵심)와 가지(상이한 표현)를 가지고 있다. 가지에 붙은 미루는 습관을 꺾는 것은 뿌리를 약하게 하고, 뿌리에 붙어 있는 미루는 습관을 뽑아내는 것은 가지를 약하게 한다. 마찬가지로 미루는 습관으로 괴로워할지라도 스스로에게 계속해서 잠재적으로 이득을 주는 리스크를 취하도록 강요한다면 훨씬 덜 미루는 자신을 발견하게 될 것이다.

긍정적인 변화를 위한 자원 동원

미루는 패턴에서 벗어나기 위한 동기는 무엇이 있을까? 자부심? 성실성? 부정적인 결과로 인한 혼란을 피하고 싶은가? 돈을 더 많이 벌기 위해, 스트레스를 덜 받기 위해, 보다 건강한 식습관을 갖기 위해, 운동을 열심히 하기 위해, 미루는 습관 때문에 괴로워하지 않기 위해, 인생에 책임감을 느끼기 위해 효율성을 가지고 행동하기를 원하는가? 이러한 요소들은 충분히 동기가 될 만하다.

'지금 당장 시행하라'와 관련된 당신의 주요 동기를 써 보자.

지금 당장 시행할 수 있는 이유 :

....

....

....

 당신은 '지금 당장 시행하라'의 동기를 지지하기 위해 어떤 힘을 쏟을 것인가? 미루는 습관과 반대되는 기회를 만들어 내기 위해 당신이 알아야 하는 것은 무엇인가? 미루는 습관을 이겨 내기 위한 최상의 자원을 어떻게 동원할 것인가? 질문에 답하기 위해 자원을 동원하기 위한 기법을 살펴보자.

최적의 성과 기법

목표 달성의 측면에서 보면 최적의 성과는 유용한 이점을 갖고 있다. 전략적으로 행동하는 것은 개인의 가치를 높여 주며, 소기의 성과를 거두도록 이끌어 준다. 혹시 올림픽에 참가하는 선수들이 최고의 성과를 올리기 위해 최적의 성과 기법을 이용한다는 사실을 알고 있는가? 최적의 성과 기법을 통해 선수들은 여유를 갖는 법을 배우고, 과거 최적의 성과를 거두었을 때의 이미지를 불러일으킴으로써 최고의 힘을 발휘하게 된다.

최적의 성과 기법은 마음의 안정, 자원의 동원, 실천의 3단계로 이루어진다. 마음을 안정시키는 방법은 여러 가지가 있다. 조용한 음악을 듣거나, 가부좌를 틀고 안정을 연상시키는 단어들을 생각해 본다. 따스한 봄날 하늘거리며 떨어지는 꽃잎을 떠올리는 것과 같은 상상력을 활용해도 좋고, 숨을 들이쉬고 내쉬는 동작을 2분여 동안 계속하는 호흡 운동도 괜찮다. 사람마다 자신에게 맞는 최상의 방법은 다르기 때문에 가장 적합한 것을 찾아 선택하면 그뿐이다.

안정감이 느껴지면 자신이 효율적으로 행동했던 때의 기억을 되살려 본다. 미루는 유혹을 뿌리치고 행동을 감행했을 때라든지, 도전에 정면으로 맞서서 해결책을 찾아냈던 때를 말한다. 어떤 경우를 선택하건 자신이 거둔 최적의 성과 경험일 것이다. 마음속에 있는 최적의 순간을 회상하는 일은 최적의 순간을 경험했을 당시의 정신적 상태로 돌아가도록 도와주며, 실행에 옮기는 데 필요한 자원을 동원하고 싶게 만든다. 자원이 동원되고 나면 실천의 단계로 진입하기가 훨씬 수월하다.

최적의 성과 기법을 보다 쉽게 설명하기 위해 예를 들어 보자. 당신은 과잉 청구된 금액을 환불받기 위해 회사에 전화를 걸어 따져야 한다. 하지만 잘잘못을 설명하는 도중에 불쾌한 마찰을 겪게 될지도 모른다는 불안 때문에 문제를 미루고 싶은 충동에 휩싸인다. 바로 그때 최적의 성과 기법을 이용해 보자고 자신을 설득한다. 먼저 안정을 취하고, 마찰을 효과적으로 다루었던 때의 최상의 경험을 회상해 본다. 미루기보다는 회사에 전화해서 당장 문제를 해결해야겠다는 생각이 들 것이다.

미루는 습관의 혜택

대부분의 사람은 습관을 유지하는 비용이 혜택보다 클 경우 습관을 깨뜨리려고 한다. 실제로 미루는 습관을 통해 만들어진 곤란이 궁극적으로 자신의 시간과 노력을 앗아 간다는 사실을 깨닫게 되면 미루는 습관을 바로잡기 위해 더 많은 동기 부여를 받는다.

다음에 나오는 도표는 불필요한 미루는 습관으로부터 얻는 것과 잃는 것을 측정하기 위한 일종의 이익 분석으로, '지금 당장

미루는 습관의 이익 분석

미루고 있는 영역 : ....

	단기		장기	
	이점	단점	이점	단점
미루는 습관				
지금 당장 시행하라				

시행하라'의 장·단기적 이점과 미루는 습관의 장·단기적 이점을 비교해 준다.

현재 자신이 미루고 있는 영역과 그로 인해 발생한 이점과 단점을 빈칸에 적어 보자. 예를 들어 미루는 습관은 일시적으로 안도감을 안겨 준다는 이점이 있지만, 회피를 부추겨 실천을 막는다는 단점을 가지고 있다. '지금 당장 시행하라'는 실행을 옮기는 과정에서 욕구 불만이나 분노를 느낄 수 있다는 게 단점인 반면 일의 효율성을 높여 준다는 이점이 있다.

미루는 습관에서 얻는 이점과 단점을 분석하다 보면 오래된 미루는 습관에서 빠져나오려는 노력을 시작할 수 있다. 그 밖에도 다음의 내용을 실천하면 도움이 될 것이다.

- 과제를 끝냈을 때의 이점을 생각해 본다.
- 목표를 성취하기 위해 자신이 선택할 단계를 상상한다.
- 불편함도 과정의 한 부분이라는 점을 인정한다.
- 자신이 하는 모든 일을 좋아해야 할 필요는 없다고 스스로를 납득시킨다.
- 우선적인 활동은 지불할 만한 가치가 있는 일이라는 점을 깨닫는다.

**미루는 습관에서
벗어나기 위한 Tip**

동기는 방향을 제공해 주며, 기법은 실현 가능성을 높인다

우리는 일상생활에서 미루고 싶은 유혹을 자주 받는다. 그럼 미루고 싶은 유혹을 떨쳐 내기 위한 자극은 어떻게 하면 얻을까? 미루는 상태를 지금 당장 시행하는 상태로 바꾸기 위해서는 강력한 동기가 필요하며, 낡고 부정적인 미루는 과정으로부터 멀어지기 위해서는 적극적인 실행 기법을 구축해야 한다. 단, 과도한 동기 부여나 부적합한 실행 기법은 체계를 무너뜨리고, 패배의 쓴잔을 맛보게 하므로 균형을 유지하려는 노력이 병행되어야 한다.

변화와
미루는 습관

미루는 세계에서는 간단해 보이는 문제도 쉽게 해결되지 않는다. 원하는 상황으로 나아가는 데 자주 장애에 부딪히며, 대부분의 장애는 스스로 만든 것이다. 그러나 즉시 돌이킬 기회를 갖게 된다면 장애는 얼마든지 극복한다.

요정이 당신에게 삼라만상을 다스리는 시계를 주었다고 가정해 보자. 버튼 한 번만 누르면 시간을 멈출 수 있고, 작은 태엽을 거꾸로 한 바퀴 돌려 시간을 거슬러 가게도 하며, 그냥 놔두면 시간은 앞으로 간다. 단, 당신이 부여받은 권한은 세 가지 조건을 전제로 한다. 첫째, 시계는 단 하루만 소유한다. 둘째, 시간을 함부로 이용해서는 안 된다. 만약 어길 시에는 바로 시계를 뺏기게 된다. 셋째, 당신이 얻는 유일한 것은 당신이 터득한 것뿐이다. 경험에 관한 기억은 사라져 버리고, 지혜만 남는다. 그럼 당신은 하루를 어떻게 보내겠는가? 동물원에 가겠는가? 자기 변화에 관한 실험을 해 보겠는가?

변화의 힘은 자신의 내부에 있으며, 언제든지 실행 가능하다. 하지만 오늘은 자신이 무엇을 할 수 있는지 깨닫는 특별한 날이다. 미루는 습관에 관한 이 책을 읽고 있는 만큼, 오늘만은 미루는 습관을 버리기로 결심했다고 하자. 그렇게 하지 않으면 당신은 시계를 잃게 된다. 그러니 당신이 배우고 싶은 것이 진정 무엇인지 결정하라.

당신은 변화는 사건이 아니라 과정이며, 미루는 습관은 생활 속 어디에나 달라붙어 다님을 안다. 따라서 미루는 습관을 끝내는 새로운 방법을 시도함으로써 변화의 영역으로 들어선다. 뿐만 아니라 안전한 영역에서 자신의 능력을 실험하는 과정을 통해 미루는 장애에 반복적으로 직면하는 것을 피한다.

미루는 습관을 이해하는 일은 자기 자신을 아는 것과 관계있다. 인식 영역은 자신이 무엇에 가치를 두고, 무엇을 신뢰하며, 합리적인 일을 어떻게 실행하는지 등 중요한 사항을 깨닫는 과정을 포함한다. 단, 자신을 알기 위한 행동 영역과 관련해서는 스스로 도전을 시도해야 터득할 수 있다. 고대 그리스의 철학자 아리스토텔레스Aristoteles는 다음과 같이 말했다.

"나는 적을 물리친 사람보다 자신의 욕망을 이겨 낸 사람을 용감한 사람이라고 생각한다. 왜냐하면 가장 얻기 힘든 승리는 자기 자신을 이겨서 얻는 승리이기 때문이다."

인식

인식은 미루는 습관을 재해석하는 과정을 통해 쉽게 이루어진다. 미루는 습관은 같은 주제의 이야기를 연속적인 화면으로 보여 주는 영화와 같다. 영화는 여러 개의 화면으로 구성되어 있으며, 각각의 화면은 미루는 습관의 다양한 모습을 비춘다.

당신의 영화에는 얼마나 많은 화면이 존재하는가? 각각의 화면은 어떻게 보이는가? 영화가 전하는 메시지는 무엇인가? 질문에 대한 답은 인식을 향상시키고, 긍정적인 해결책을 찾도록 도와준다.

중요한 과제를 미루고 싶은 충동에 휩싸인다면 콘티를 짜 보고, 자막을 써 보자. 첫 번째 화면은 과제가 생각보다 어렵다는 사실을 깨닫게 한다. 두 번째 화면은 포기해야겠다는 생각함으로써 발생하는 불편한 감정을 나타낸다. 세 번째 화면은 과제를 포기한 후 대체 행동을 하는 모습을 보여 주며, 동반되는 자막은 '도망가서 숨어라'일 것이다.

만약 시나리오를 다시 쓴다면? 미뤄 놓은 행동의 그림자를 날려 보내는 신선한 바람 같은 모습을 보게 될 것이고, 자막은 '미루는 습관의 혼란을 날려 보내기'가 될 것이다. 그다음 화면에서는 한 단계 발전하여 실행에 옮기고 있는 모습을 비추며, 자막은 '과제를 끝내기 위해 전진함'이 아닐까? 화면과 자막의 합성은 미루는 습관을 다른 관점에서 보게 해 준다.

행동

미루는 행동을 인식하는 실습을 하고, 변화의 전략을 짜서 실행에 옮긴다. 미루는 습관에 대항하여 얻게 되는 노하우는 새로운 계획을 수립하도록 이끌어 준다. 적극적인 행동을 하기 위해 심리학자 앨버트 엘리스Albert Ellis가 고안한 ABC 접근법을 활용해 보자.

ABC 접근법은 미루는 습관에서 벗어나고자 할 때 적용할 만한 방법이다. A는 활성화된 사건Activating event, B는 사건에 대한 믿음Beliefs, C는 부정적인 감정이나 자멸적인 행동의 결과Consequences를 의미한다. 엘리스는 이것을 좀 더 확장하여 부정적이고 실수 투성이의 사고를 저지하기Dispute 위해 D를 추가하고, 건전한 감정과 건설적인 행동의 효과Effects를 나타내기 위해 E를 더한다.

미루는 습관은 ABC 접근법의 구조에 알맞게 들어맞는다. 자신이 불편한 상황과 직면할 것이라는 활성화된 사건이 있고, 향

후 그러한 상황을 더욱 잘 다룰 것이라고 믿는다. 미루겠다고 결심한 순간 일시적인 안도감을 느낀다. 안타깝게도 안도감은 그리 오래가지 않는다. 곧 자신이 앞으로 수행해야 할 추가적인 부담이 있음을 알고 스트레스를 받는다. 그럼에도 다음 날이면 미루는 행동을 합리화할 새로운 핑계를 찾는다. 이것이 바로 미루는 습관의 실제적인 과정이다.

A 항목 : 활성화된 사건이란 전화 답신을 해 주어야 할 곳이 있음을 아는 것과 같다. 미지의 암시에 의해 유발되는 지나가는 생각일 수 있으며, 꿈(감정적 반응을 불러일으키는 힘을 가진 모든 것)일 수도 있다.

예를 들어 면접을 보러 바쁘게 가는 도중에 인도에 바짝 붙어 가던 차가 흙탕물을 튀겼다고 해 보자. 흙탕물이 튄 사건은 면접에 대한 자신의 기대, 신념, 가치, 인식과 별개로 취급되지 않는다. 예상치 못했던 흙탕물 사건으로 거의 반사적인 충격을 받은 것을 시작으로, 자신에게 닥친 상황에 대해서 재빠른 해석을 하게 된다. 만약 무더운 여름날 잔디밭의 스프링클러가 갑자기 물을 뿜었다면 상황에 대한 해석은 분명 달라질 것이다. 하지만 두 경우 모두 물에 젖은 일은 활성화된 사건이다.

B 항목 : 기원전 17세기, 고대 바빌론의 왕 함무라비는 백성들의 믿음을 조정하여 행동을 제어할 수 있다고 생각했다. 고대

그리스의 철학자 아리스토텔레스는 사람들이 분노나 수치를 느낄 때 스스로를 어떻게 생각하는지 설명한 바 있다. 그의 사상은 스토아학파의 철학자인 에픽테토스Epiktētos로 이어졌다. 에픽테토스는 일어난 일을 조정할 수는 없겠지만 생각이나 의지는 얼마든지 조정할 수 있다고 설파했다. 셰익스피어 역시 "세상에 좋은 것이나 나쁜 것이란 존재하지 않는다. 다만 생각이 그렇게 만드는 것이다"라고 말했다.

1955년 심리학자 앨버트 엘리스는 나중에 '합리적 정서행동치료Rational Emotive Behavior Therapy'라 불리게 되는 '합리적 치료Rational Therapy'를 도입했다. 사람들은 생각하는 방식을 인식하며, 그 인식에 의해 작용하는 감정이 행동을 유발한다는 개념을 발전시킨 것이다.

충실하게 실행해 나가면 장애는 발생하지 않는다는 믿음은 어느 정도 일리가 있다. 그러나 잘못된 믿음은 고도의 장애 요인이다. 특히 '자신은 변화에 별 도움이 안 된다'와 같이 부정적인 믿음은 마음에 커다란 벽을 쌓아 올리게 한다. 마음의 벽은 문제점을 인식하지 못하게 하고, 긍정적인 결과로 이어지는 것을 방해하는 장애물이다. 인생은 자신이 원하는 대로 흘러가야 하고, 장애 요인으로부터 자유로워야 하며, 세상은 공평해야 한다는 믿음도 마찬가지다. 그러한 세상이 오면 정말 좋겠지만, 사실을 압도하는 정신적인 세계에서만 존재할 뿐이다. 이론적 세계관은 고통을 수반한다.

미루는 습관은 명백한 사실과 그럴듯한 거짓을 가지고 있다. 어떤 행동을 정말로 불편해하는 것은 명백한 사실이고, "나중에 하는 게 더 나을 거야"라고 말하며 미루는 행동을 합리화하는 것은 그럴듯한 거짓이다. 지금 당장은 하기 싫은 일이 내일이 되면 분명 하고 싶어질 것이라는 사고는 대개 현실화되지 않는다. 내일이면 나아지리라는 보장은 그 어디에도 없다.

부정적이거나 비합리적인 사고를 바꿈으로써 더 잘될 것이라는 생각이 실제 현실로 이어지는 경우는 드물다. 생각은 자동적으로 행해지기 때문이다. 여기에는 미루는 사고도 포함된다. 미루는 사고를 바꾸려면 오랜 시간이 필요하다. 물론 변화하기 위해서는 시간이 걸린다는 점을 수용한다면 시간은 덜 소요될 것이다. 그러나 빠른 변화에 대한 기대는 지속적인 변화를 위한 노력을 약화시킨다.

C 항목 : C는 결과를 의미한다. 결과는 감정적이고 행동적인 형태로 나타난다. 예를 들어 모든 사람이 예의범절을 지켜야만 한다면 욕구 불만의 서막이 열리게 될 것이다. 치명적인 결함은 불안과 억압된 행동으로 이어지기도 한다.

D 항목 : 부정적이거나 비합리적인 사고는 불필요한 제약을 낳는다. 이러한 형태의 사고는 반드시 교정되어야 하며, 교정을 위해서 엘리스는 사고방식을 검토하기를 권한다. 나중이 더 낫다

고 느끼게 해 주는 요인은 무엇인지 자신에게 질문해 보는 것이다. 그런 다음 불편함을 느끼거나 혹은 불편함을 못 참는다면 무엇이 불편함을 초래하는지 알아본다. 오히려 하고 싶지 않은 일보다 불편함을 느끼는 일을 못 참는 것이 아닐까? 관점의 차이는 하고 싶지 않은 것을 참아 내는 사람으로 자신을 여기게끔 도와준다.

E 항목 : 미루는 습관에 젖어 있는 사람이라면 불편하다고 느껴지는 일을 미루고 싶을 것이다. 그럴 때 불편함보다 편안함을 선호하기는 하지만, 불편한 일도 얼마든지 참아 낼 수 있다고 스스로를 다독여야 한다. 불편함에 맞서 싸워야 괴로운 상황들도 덜 생긴다.

건전한 감정과 건설적인 행동은 '지금 당장 시행하라'의 과정으로 유도되며, 궁극적으로는 행복감과 만족감을 포함한 보다 넓은 감정의 영역을 경험하게 한다. 뿐만 아니라 마음을 혼란스럽게 하는 요인이 사라지면 즐겁게 일을 처리하게 될 것이다.

대중 연설과 미루는 습관

ABC 접근법을 어떻게 적용할지 알아보기 위해 대중 연설을 예로 들어 보자. 당신은 상사로부터 고객 모임에서 연설을 하도록 지시받았다. 평소 사람들 앞에서 말하는 것을 불편해하는 당신은 엄청난 부담감에 화가 날 지경이다. 결국 방해의 미루는 습관에 빠져들면서 준비를 미룬다. 상사가 당신의 착한 성품을 이용했다고 여기며 '지금 내가 할 일이 얼마나 많은데, 연설은 무슨!'이라고 생각한다.

당신은 방해가 제 역할을 하지 못하는 시점이 온다는 것을 안다. 준비를 미루면 미룰수록 자신에 대한 기대는 더욱 커질 것이다. 기대는 한층 심각한 미루는 습관으로 이어지고, 급기야는 마지막 순간에 이르러서야 준비를 시작한다. 설상가상 연설의 주제가 생각했던 것보다 훨씬 어렵다는 사실을 발견한다. 거북스러운 연설문을 쓰느라 카페인에 절은 밤을 보내고, 연설해야 하는 바로 그날 병가를 낸다. 딱히 몸이 아픈 것은 아니지만, 피곤한 기색이 역력한 채로 청중 앞에 서 있는 자신을 보는 일이 너무 끔찍하다.

미루는 습관을 예방하는 데 ABC 접근법을 활용해 보자. A는 연설, B는 스스로에게 준비를 미루라고 말하는 것, C는 미루는 습관의 결과를 나타낸다. 연설을 해야 한다는 것은 명확한 A이다. 연설을 부정적인 요소로 받아들이면 연설을 회피하고자 미루는 습관이 발현된다.

덜 명확한 2차적 A는 연설을 하라고 지시받았을 때의 기분을 말한다. 당신에게 연설은 마치 머리 위에 매달려 있는 볼링공과 같다. 자칫 잘못하여 볼링공이 머리 위로 떨어지지는 않을까 심히 걱정된다. 걱정은 스트레스를 가중시키며, 자신은 스트레스를 받아서는 절대 안 된다는 2차적 B를 불러들인다.

1차, 2차로 ABC를 분리하는 일은 미루는 습관의 기준을 혼란시킬 가능성이 크다. 그러나 기준을 혼란시키는 또 다른 요인이 있다. 바로 미루는 습관을 정당화하라는 허튼소리이다. "지금 당장 연설을 준비하기보다 잠시 쉬면서 상황을 정리해 보자. 잘 쉬고 나면 몸도 마음도 개운해져서 준비를 철저히 할 수 있을 거야"라고 스스로를 회유한다. 막상 쉬고 나면 자신은 사람들 앞에서 말을 더듬을 것이고, 결국 창피만 당하게 될 게 뻔하다는 생각에 연설을 취소하기에 이른다. 미루기로 결정한 초기에는 일시적으로 안도감을 느끼게 될지 몰라도, 할 일이 남아 있다는 사실을 깨달으면 더욱 강한 중압감에 맞닥뜨리게 된다.

ABC 접근법을 이용한 미루는 습관의 도표 만들기

미루는 사고를 체계화하고 저지하기 위한 도구로 ABC 접근법을 이용한다. ABC접근법은 자기 효능감을 높여 주는 것은 물론, 대체된 행동으로부터 목적한 바의 행동으로 이동하도록 도와준다.

A : 활성화된 사건(무엇이 미루는 과정의 사고를 자극하는가?)

B : 사건에 대한 믿음(스스로에게 무엇이라고 말하는가? 처리해야 할 일이나, 자신의 능력에 대해서 어떻게 생각하는가?)
• 합리적 믿음(무언가 다른 일을 하고 싶지만, 지금 시작하는 것이 현명함)

- 자멸적 믿음(원치 않는 일을 하는 것은 못 참음. 행동을 취하는 것이 불편하다는 생각이 들면 반드시 무한정 미뤄야 하며, 어떠한 불편도 감수해서는 안 됨)

C : 믿음의 결과(감정적, 행동적)
- 미루는 사고의 감정적 결과(자신을 방해하는 부정적인 감정)
- 미루는 사고의 행동적 결과(미룬 결과)

D : 비합리적 신념 체계와의 투쟁(사고-미루는 과정에 대한 도전)
- 합리적 신념(합리적 신념이 생성하는 신념 체계를 적극적으로 구축하고 지지함)
- 자멸적 신념(합리적 요인과 불합리한 요인을 확실하게 분리함. 내일의 사고 및 다른 형태의 전환에 도전하여 우선순위에 입각한 목표를 이룰 수 있음)

E : 합리적 신념 체계의 응용 효과
- 건전한 감정(불편과 욕구 불만의 수용)
- 생산적 행동(욕구 불만의 내성 및 낙관적 전망 등을 강화시켜 주는 자율적 행동)

자신과의 계약

미루고 싶은 충동을 이겨 내고, 미루는 사고를 줄이기 위한 노력으로 자신과 계약을 맺어 본다. 계약서에는 자신이 무엇을 할 것인지, 실행에 따른 보상은 무엇인지, 지연으로 인한 벌칙은 무엇인지를 명기한다. 대부분의 사람은 거창한 장기 목표보다 작은 단기 목표를 지향한다는 점을 감안하여 일련의 단기 목표를 포함시킨다.

목표를 달성하여 받는 보상에는 대체된 행동(신문 읽기, TV 보기)을 활용한다. 만일 신문을 읽는 것을 즐긴다면 신문 읽기를 목표를 향해 나가는 데 필요한 조건으로 설정한다. 핵심은 대체된 행동이 '지금 당장 시행하라'의 과정을 유도해야 한다는 점이다.

보상 체계와 아울러 벌칙 체계를 마련한다. 목표를 달성하지 못하면 스스로에게 벌칙을 가하되, 벌칙은 미루는 습관으로부터 얻는 일시적 편익보다 클 필요가 있다. 계약을 지키면 벌칙을 피하고, 벌칙을 피한다는 것은 두 번째 보상을 받는다는 뜻이다. 그 결과 계약 과정을 통해 총 네 가지 형태의 보상을 받게 된다. 첫째, 각각의 실행 단계를 거치면서 받는 단기적 보상. 둘째, 벌칙을 피함으로써 받는 보상. 셋째, 목표 달성에 따른 보상. 넷째, 미루는 습관을 대체하는 '지금 당장 시행하라'의 기법을 발전시킴으로써 얻는 보상.

동기를 부여받기 위해 친구나 가족에게도 계약 사실을 알린다. 감시는 확실한 동기 부여가 되어 줄 뿐만 아니라, 목표를 달성하고야 말겠다는 의지를 강화시키는 역할을 한다. 계약 기간 동안 의지를 확고히 다진다면 아마 외부의 감시는 더 이상 필요 없을 것이다.
다음은 계약서의 예이다.

나 자신과의 계약

본인은 30일 동안 비판의 두려움을 극복하기 위해 나 자신과 계약을 맺는다.

1. 나는 매일 가족이나 친구에게 실수나 잘못된 점을 고백한다. 계약을 지키면 그동안 하지 못했던 일이나 평소 하고 싶었던 일(신문 읽기, TV 보기)을 하고, 계약을 어기면 어기는 날마다 3일씩 연장한다.
2. 나는 실수나 잘못을 인정하기를 미루게 만드는 유혹과 싸운다. 앞으로는 비판의 두려움을 회피하고 싶을 때마다 하게 되는 대체 행동을 거부할 것이다.
3. 36일 안에 본 과제를 완수하면 저녁 식사 외출과 영화 관람이라는 보상이 따를 것이고, 36일을 초과하면 6주간 저녁 식사 외출과 영화 관람을 하지 않을 것이다.

날짜 :
서명 :

적응

적응은 새로운 아이디어를 생각하고 행동하는 방식의 일부분으로 만드는 과정이다. 변화의 적응 단계를 거치면 자신이 미루는 습관을 발전적으로 극복하고 있음을 깨닫게 된다. 일련의 단계를 거치는 동안 미루는 습관을 '지금 당장 시행하라'로 대체하는 일은 자기 발전을 도모한다는 사실을 알게 되기 때문이다.

관점의 대비

'지금 당장 시행하라'와 미루는 관점을 대비시켜 보면 미루는

미루는 습관 vs 실행

미루는 관점	'지금 당장 시행하라'의 관점
미루는 습관은 도저히 바꿀 수 없다	합리적 변화를 이루기 위해 행동한다
책임을 회피한다	책임을 끝까지 완수한다
자신은 비난받아 마땅하다	사람은 오류를 범할 수 있다는 점을 받아들인다
실천은 너무 어렵다	합리적인 출발점을 발견한다
나중이 분명 더 나을 것이다	내일의 환상에 빠져들지 않고 적극적인 단계를 밟아 나간다
실패할까 봐 두렵다	성취를 갈망한다
불편을 참을 수 없다	위기를 기회로 전환한다
위협에 굴복한다	도전에 기꺼이 맞선다

유혹을 받을 때 우리가 어떻게 생각하고 행동하는지 쉽게 이해된다. 적응 능력을 향상시키기 위해 도표를 살펴보자.

미루는 관점과 '지금 당장 시행하라'의 관점을 모두 활용하면 생각지도 못했던 선택 조건들이 생긴다. 미루고 싶은 유혹을 받을 때나, 관점을 재설정하고 싶을 때 위의 도표를 이용하면 도움이 될 것이다. 유연하게 적응하도록 자신을 단련시키는 데도 관점의 대비는 더할 나위 없이 효과적이다.

목표 전환

'삶의 의미가 없어'라는 생각에 사로잡혀 있는 한 남자가 있다. 삶의 의미가 없다고 생각하면 할수록 자신은 비탄이라는 뿌연 안개의 덫에 걸려 있음을 느낀다. 삶의 의미가 무엇을 뜻하는지 사고를 확대하다 보면 부정적인 이미지들만 떠오른다. 일하기 싫고 형제들과 즐거운 대화를 나눠 본 게 언제인지 기억이 가물가물하고, 데이트를 못 한 지 수년이 지났고, 희미하게 불 켜진 집 안 한쪽 구석에는 거미줄이 처져 있다. 결국 '모든 것이 삶이 의미가 없음을 뜻하고 있어'라고 오도하기 시작한다. 불평불만을 해소하는 것으로 목표를 전환하면 부정적인 관점이 긍정적인 관점으로 바뀐다는 점을 깨닫지 못한 까닭이다.

일하기 싫다면 좋아하는 일을 찾으면 되고, 형제간에 대화가 없다면 대화의 장을 마련하면 된다. 평생 혼자 지낼 것만 같아 불안하다면 이성과의 만남을 자주 가지면 되고, 집 안이 어수선하다면 말끔히 청소하면 그만이다. 거슬리는 조건들을 기회와 도전으로 전환하면 패배주의적 사고를 하는 일은 현저히 줄어들 것이다.

순응

'주어진 시간 동안 얼마나 많은 생산성을 이루었는가?' 또는 '자신이 한 일에 대해 다른 사람들은 어떻게 생각하는가?' 등 가치를 결정하는 방법은 많다. 상업적 세계에서는 생산성의 질이 가치의 척도가 된다. 반면 자기 이해의 세계에서는 생산성에 의해 규정되는 가치가 그리 중요하지 않다. 자신의 가치 이론을 바탕으로 가치를 평가한다. 즉, 보다 넓은 관점에서 자신을 바라보는 일이 곧 가치가 된다. '성과는 곧 가치다'라는 사회적 인식을 무시하거나 역전시키지는 못하겠지만, 나는 그저 나 자신일 뿐이다.

순응은 자신을 넓은 관점에서 이해하고, 자신의 강점과 불완전함을 인정하며, 스스로를 과도하게 비난하지 않는 것을 의미한다. 대신 목표를 달성하기 위해서는 부단한 노력이 필요하다는 점을 받아들인다. 이러한 순응의 정의를 미루는 습관에 대입해 보면, 미루는 사고를 '지금 당장 시행하라'로 대체하는 데 반드시 완벽할 필요는 없다. 최선의 노력을 다했음에도 불구하고 실패를 경험했다면 수정된 계획을 가지고 다시 시도하면 된다.

자기를 순응시키는 법을 터득하면 신중한 의사 결정은 물론, 리스크 감수를 방해하는 많은 부정적인 요인을 제거하게 된다.

뿐만 아니라 나중이 더 낫다는 내일의 환상에 빠져 자신이나 다른 사람에게 불편을 끼칠 일도 없다. 원치 않은 일도 책임을 지고 완수하려고 할 테니 말이다.

실현

실현의 단계에서는 '지금 당장 시행하라'의 과정이 정규적인 실습이 된다. 다시 말해 자신이 무엇을 믿고, 무엇에 가치를 두고, 무엇을 하는지의 연장이다. 미루는 사고에 대처하는 데 무엇이 효과적인지 배우고, 배운 내용을 받아들이며, 곧바로 실행에 옮긴다.

성과의 유지와 확대

획득한 성과의 이점을 유지하기 위해서는 '지금 당장 시행하라'의 사고와 전략을 재적용할 필요가 있다. 미루는 습관은 감기처럼 언제든지 돌아오기 때문이다. 대부분의 사람은 취약성을 느낄 때(피곤하거나, 스트레스를 받거나, 불확실할 때 등) 예전의 사고나 행동을 되풀이하는 경향이 있다. 만일 스트레스가 미루는 습관을 초래한 적이 있었다면 미루는 과정은 스트레스하에서 자연스럽게 되살아난다.

'지금 당장 시행하라'는 결심은 계속해서 시험받게 될 것이다. 미루는 습관을 완전히 극복했다고 할지라도 때때로 중도 포기하는 일이 생긴다. 무더운 날씨를 예로 들어 보자. 당신 안에 있는 미루는 습관이 "날씨가 시원해지면 과제를 완성하게 될 거야"라고 말한다. 이때 당신은 미루는 습관의 말을 따를지, 아니면 '지금 당장 시행하라'를 실천함으로써 미루는 습관을 물리칠지 선택해야 한다.

알고 있는 사실을 일반화하기

하나의 긍정적인 변화가 자동적으로 다른 분야에 일반화되지는 않는 데 반해, 미루는 습관을 극복하기 위해 배웠던 방법은 다른 분야에 얼마든지 적용된다. 예를 들어 개미가 극성을 부리는 오두막집을 허물어 버리는 일이 자동차의 찌그러진 부분을 자동적으로 고치는 결과를 낳는 것은 아니다. 두 경우는 유사한 듯하면서도 다른 특성을 가지고 있다. 하지만 지렛대나 스패너 같은 공구를 다루는 기술을 익혔다면 다른 곳에 이용해도 된다. 단, 기술을 응용하는 능력이 뒷받침되어야 한다는 전제 조건이 필요하다.

미루는 습관을 극복하는 과정에서 얻은 기술을 응용하기 위해 '지금 당장 시행하라'에서 얻은 성과를 어떻게 유지해 왔는지 매일 검토해 보자. 다음의 도표를 이용해 어떤 방법을 통해 성과를 거두게 되었는지 기록한다. 미루는 습관에 또다시 맞서야 하는 일이 발생했을 때 활용될 것이다.

나의 성과 유지하기

1. 추진력을 유지하기 위해 무엇을 했는가?
2. 일탈을 피하기 위해 어떤 행동을 취했는가?
3. 욕구 불만의 내성 또는 불편함을 회피하는 연속성에 맞서기 위해 어떠한 도구들을 응용했는가?
4. '지금 당장 시행하라'의 원칙을 실행함으로써 무엇을 배웠는가?

과거의 성취에 안주하는 것은 쉽다. 그러나 개인적 자원을 새로운 분야로 확장하면 자신이 성취할 수 있는 것보다 훨씬 많이 배운다. 그것이 바로 지식과 노하우 확장의 정신이다.

**미루는 습관에서
벗어나기 위한 Tip**

미루는 사고로부터 자유로워져야 한다

한 가지 생각이 사고방식을 지배하면 변화를 쉽게 받아들이지 못하게 된다. 만약 지금부터 빨간색을 '위저비|weejabe'라고 부르자고 한다면 당신은 새로운 호칭 사용을 거부할지도 모른다('위저비'는 아무런 뜻이 없다. 그냥 빨간색을 '위저비'라는 생소한 말로 쓰자고 가정하자는 것이다-역주). 이미 익숙해질 대로 익숙해져 버린 생각을 거부하는 일은 간단하지 않다. 단호하게 자신의 생각을 거부하는 일은 강한 내부적 저항에 부딪힌다.

미루는 사고도 마찬가지다. 받아들이기보다 거부하기가 훨씬 더 어렵다. 미루는 사고가 사고방식을 지배하지 못하도록 강력하게 저지해야 한다. 스스로에게 "무엇이 오늘보다 내일을 더 낫게 만드는 걸까?"라고 질문해 보자. 나중이 더 나으리라는 가정을 시험해 봄으로써 미루는 사고로부터 자유로워지는 법을 터득할 것이다.

'지금 당장 시행해야 할 일을 써 보자'

1. _____

2. _____

3. _____

미루는

습관

버리기

▶

Chapter 2

최적의 타이밍은 지금이다

미루는 습관
버리기

▼
▼

시간의 참된 가치를 알라.

그것을 붙잡아라. 억류하라.

그리고 그 순간순간을 즐겨라.

게을리하지 말며, 해이해지지 말며, 우물거리지 말라.

오늘 할 수 있는 일을 내일까지 미루지 말라.

필립 체스터필드
Philip Chesterfield

미루는 습관의
전환

　대부분의 사람은 '조만간에 좋은 일자리를 찾게 될 것이다', '몸매가 다듬어지고, 건강도 증진될 것이다', '당면한 문젯거리는 자연스레 해결될 것이다' 등 미래에는 좋은 일이 많이 생길 것이라고 생각한다. 비록 종종 착각에 빠질지라도 지나치게 낙관적인 전망은 온갖 걱정거리로 둘러싸인 비관적인 전망보다 훨씬 낫다. 바라던 바를 언젠가는 꼭 이루게 되리라는 기대는 낙관적인 전망을 유지해 주는 강력한 힘이다.

때때로 성취되지 않은 기대는 분노와 좌절을 낳는다. 미루는 세계에서의 미래는 미뤄 둔 일을 다루기에 더 나은 곳이라고 인식되는 탓에 분노와 좌절을 경험하는 일이 잦다. 나중이 더 나을 것이라는 기대가 와르르 무너져 내렸을 때, 미루는 습관을 가진 사람들은 "다 그런 거지 뭐", "언제나 내일은 있으니까"라고 말하며 문제를 회피하려고 든다.

이번 장에서는 오늘 할 수 있는 일을 내일로 미루게 만드는 미루는 습관의 전환에 대해 자세히 살펴볼 것이다. 여기서 다룰 전환은 행동의 전환, 정신의 전환, 감정의 전환이다.

행동의 전환

행동의 전환은 시기적절한 일을 낮은 순위 혹은 사소한 활동으로 대체하는 것을 말한다. 지금 매우 중요한 보고서를 작성해야 한다고 가정해 보자. 당장 보고서를 쓰기 위한 계획을 세울 것인가? 아니다. 나중으로 미룬다. 대신 낮잠을 자고, 인터넷 서핑을 하고, TV를 보고, 잡지책을 뒤적인다. 우선적으로 처리해야 할 일과는 무관한 일을 하며, 행동의 전환 세계로 완전히 들어가 버린다. 나는 이런 상황을 '중독적 활동addictivities'이라고 부른다. 중독적 활동은 미뤄 둔 일을 해야 한다는 자극을 받기 전까지 계속된다.

일이 종종 스트레스를 경감하는 치유제가 되는 것처럼, 중독적 활동은 일시적으로 해방감을 느끼게 해 준다. 그러나 결국 치러야 할 대가가 있으며, 어떤 대가는 터무니없이 비싸다. 학문적 연구나 가치 있는 기술 개발을 회피하면 엄청난 대가를 지불해야 한다.

행동의 전환에 대처하기

행동의 전환 단계에서 미루는 행동을 저지하는 것은 미루는 습관이 시작되는 지점에서 미루는 습관을 혼란시키는 것과 같다. 다음의 제안들은 미루는 습관을 혼란시키는 데 목표를 두고 있다.

1. 행동의 전환을 자극하는 조건을 파악한다. 조건을 알면 행동의 전환을 방해하기 위한 계획을 짤 여지가 있다. 일례로 운동할 시간이 다가오면 낮잠을 자는 습관을 가지고 있다고 하자. 낮잠을 자고 싶어지면 찬물로 샤워를 한다고 자신과 약속한다.
2. '준비-시작' 기법을 활용한다. 행동의 전환이 시작되면 의도적으로 전환의 과정에 5분간 머무른다. 그런 다음 회피하고자 했던 행동으로 자신을 재빨리 변환시킨다. 정상적인 전환은 관성의 패턴(하고 싶지 않다고 감정적 저항을 느끼는 부분)을 깨뜨리는 도구 역할을 한다.
3. 만약 보고서를 작성하는 데 꽤 오랜 시간이 걸리기 때문에 미루고자 한다면 그에 상응하는 선택적 상황으로 대체한다. 동료에게 도움을 부탁한다든가, 작성 기한을 늘려 달라고 상

사에게 요청해 본다.
4. 행동의 전환 패턴을 깨뜨리는 과정에서 가장 큰 부분을 차지하는 것은 미루고 싶은 충동을 자극하는 불편함을 참아 내는 일이다. 불편함을 인내하도록 노력하라. 불편하더라도 우선순위를 지키도록 자신을 이해시켜야 욕구 불만의 내성을 쌓게 된다.

정신의 전환

정신의 전환은 미루는 습관으로 인한 지연을 지적으로 정당화하는 것이다. 보고서를 쓰는 일이 너무 지루해서 나중으로 미루는 것은 정신의 전환이며, 내일은 오늘보다 반드시 더 좋아지리라는 믿음 또한 정신의 전환이다. 전환은 매우 습관적인 과정으로, 속수무책으로 빨려 들어가게 만든다. 아마도 미루는 습관의 힘이라는 말이 의미하는 것이리라.

내일의 덫에 걸린 사람들은 미뤄 둔 프로젝트가 나중에는 분명 완성될 것이기 때문에 '나중'을 '지금'의 반대말로 간주한다. 그러나 내일이 오면 프로젝트는 또다시 나중으로 미뤄진다.

프로젝트에 흥미를 느끼게 되는 시점에 보고서를 쓰기로 하고 나중으로 미룬다고 해 보자. 시간이 지나면서 기대감은 증폭된다. 결과물이 기대할 만한 것이었다고 보여 주기 위해 자신을 몰아붙이고, 완벽한 보고서를 만들어 내야 한다는 부담감에 급하게 서두른다(위기의 상승 과정은 내일이라는 허구의 공통적 산물이다). 그럴수록 보고서를 쓰는 일은 점점 더 하기 싫어지고, 미루고만 싶어진다. 결국에는 보고서를 쓰려면 준비할 시간이 더 필요하다며 미루는 습관을 정당화한다.

내일의 환상이 일어나는 곳에서는 '캐치-22(Catch-22, 모순된 규칙에 꼭 묶인 상태를 뜻하는 것으로, 미국의 작가 조지프 헬러의 작품 제목에서 따옴-역주)'가 무력한 해결책을 낳는다. 모순된 규칙에 얽매이는 전환의 단계에 이르면 아무리 노력해도 자신이 원하는 바는 결코 얻지 못한다고 생각하게 된다. 그 결과 시작도 하기 전에 포기한다. 원하는 바를 아예 배제해 버리는 것이다.

경력을 향상시키기 위해 MBA 학위가 필요하다고 가정해 보자. 캐치-22의 상태에 있는 사람들은 MBA 학위를 취득할 만큼 자신은 똑똑하지 못하다는 이유로 목표 달성을 끝내 포기하고 만다. 어차피 성취하지 못할 것이기 때문이다. 매력적인 이성과 데이트를 하고 싶지만, 자신에게는 과분한 상대이므로 시도조차 하지 않는 경우도 있다. 혹 이성이 자신에게 먼저 호감을 표시해도 상대의 취향이 형편없는 것이라고 곡해하고는 퇴짜를 놓는다. 인식의 왜곡은 이중 구속(딜레마)을 당한 사람들에게는 지극히 당연한 현상이다.

캐치-22의 다른 형태로, 과거에 일어난 부정적인 사건에 집착하여 후퇴하는 일도 있다. 이미 일어난 일을 자신은 변화시키지 못한다는 믿음에 묶여 있는 것이다. 이러한 믿음은 부정적인 사건을 극복하는 데 도움이 될 상담을 피하게 만들고, 자신이 할 만한 일은 아무것도 없다는 패배주의자의 사고를 불러일으킨다. 그러나 믿음과 실제는 다르다. 패배주의자의 사고는 얼마든지 바뀐다. 자신이 조절할 문제와 조절 못 할 문제를 분리해 내면 과거의 실체를 받아들이고 부정적인 사건에서 벗어나게 된다.

정신의 전환에 도전하기

나중이 더 나을 것이라는 정신의 전환을 깨뜨리는 데 회의적이라면 다음의 네 가지 기본적인 기법을 활용해 보자.

1. 대부분의 사람은 정신의 전환이 일어났음을 알아차리지 못한다. 위협이나 불편함에 대항하여 자신을 보호하기 위한 방편으로 전환을 선택하기 때문이다. 하지만 나중이 더 나을 것이라는 희망은 허구적인 낙관에 불과하다. 헛된 희망에 속지 말고, 실체를 자세히 들여다보라. 전환적 사고의 현장을 발견할 것이다.
2. 정신의 전환은 나중에 하는 게 좋은 결과를 낳으며, 실패할지도 모르는 일은 애초에 시도하지 않는 게 낫다는 '인식적 상징(폭로되는 사고)'을 포함하고 있다. 이러한 인식적 상징에 방심하지 않고 주의를 기울이면 문제 해결의 자원을 향상시키는 데 보다 전념하게 된다.
3. 오늘 미루게 되면 불편한 내일을 맞이하게 될 것이라고 자

신에게 말한다. 내일은 더 낫지 않다거나, 과제가 그리 어렵지 않다고 자신을 설득한다. 무슨 일이든 완벽하게 처리해야 한다고 생각한다면 타협의 여지가 없는 사고임을 간파한다.
4. '마땅히 해야 하는 일이지만, 지금 당장은 아니다', '잠깐 쉬어라', '걱정은 나중에 하고 현재를 즐겨' 등 미루게 만드는 내면의 속삭임을 상징화한다. 예를 들면 감언이설로 꾀는 아첨꾼이 당신의 어깨에 걸터앉아 편한 길로 가라고 꼬드기고 있다고 상상해 본다.

감정의 전환

감정의 전환은 행동하기 전 동기 부여 혹은 자극(통찰력)을 받아야 하는 것을 말한다. 불편함을 불안정이라고 보는 탓에 불편해질 것이라고 생각되는 상황을 회피하고자 감정의 전환에 접어든다고 할 수 있다.

불확실성으로 부풀어진 프로젝트를 수행하거나, 골치 아픈 문제에 대면하기 위해 얼마나 강한 동기 부여를 받아야 하는 것일까? 동기 부여를 받았다고 해서 곧바로 실행으로 옮길까?

우리는 결코 하고 싶지 않은 일이나, 영원히 동기 부여가 느껴지지 않을 것 같은 일을 하는 경우가 너무나 많다. 유쾌하지 않은 과제를 완수하기 위해 반드시 동기 부여를 받을 필요는 없다. 과연 얼마나 많은 사람이 더러운 마룻바닥을 닦거나, 불편한 충돌에 맞서기 위해 동기 부여를 필요로 할까?

감정의 전환에 대항하기

감정의 전환에 굴복한 사람들을 위한 감정적 해결책이 있다.

1. 욕구 불만을 도전으로 변화시키기 전에 시뮬레이션을 해 본다. 지저분한 방을 청소해야 한다면 머릿속으로 청소하는 모습을 그려 본다. 행동으로 옮기는 데 훨씬 수월할 것이다.
2. 감정의 전환이 일어날 때 어디에 긴장이 나타나는지 주의 깊게 살핀다. 어깨, 위장, 목? 관심을 다른 곳으로 전환함으로써 긴장의 강도를 완화한다.
3. 미루는 자극에 스스로 제동을 걸기 위해 순환적 사고(나는 힘이 없어서 대항하지 못하며, 대항하지 못해 힘이 없다)를 파악한다. 그런 다음 순환적 사고는 실제가 아닌 잘못된 믿음이라는 점을 인식한다.
4. 대부분의 사람은 불편하게 느껴진다거나, 불확실한 기능을 수행하는 것을 싫어한다. 하지만 누군가가 백만 달러라는 보상을 주겠다고 한다면 당장 실행하려고 들 것이다. 자신의 관점에 긍정적인 변환을 제공하는 생각을 함으로써 행동을 변화시킨다.

**미루는 습관에서
벗어나기 위한 Tip**

변명은 문제의 본질을 흐리게 할 뿐이다

행동, 정신, 감정의 전환을 인식하는 것만으로는 미루는 패턴을 자동적으로 뒤집지는 못한다. 전환은 완성하기를 원하는 일조차도 착수하지 못하게 만들며, 자기 만족감에 빠져들어 상황을 제대로 이해하지 못하도록 유도하기 때문이다. 그럼 전환적 행동을 중단하고 미루는 패턴을 뒤집으려면 어떻게 하면 좋을까? 미루는 습관을 정당화하기 위한 변명부터 줄여야 한다. 불편함을 모면하기 위한 변명을 없애야만 시기적절한 행동의 가치가 더욱 명확해질 것이다.

미루는 습관이 되기까지

고장 난 수도관에서 떨어지는 물방울 소리가 귀에 거슬린다. 운동 기구에는 먼지가 쌓여 간다. 청구서는 여기저기 흩어져 있고, 목록에는 '청구서 정리'라고 맨 위에 적혀 있다. 미루는 습관을 버리고 새롭게 다시 시작하기 위해 목록에 적힌 일들을 끝낼 것이라고 맹세했건만 커피를 마셔야 하고, 신문도 읽어야 한다. 혹시 흥미로운 기사를 발견할지 누가 아는가? 잠시 후에는 전화

통화를 하며 가족들의 최근 동태를 살펴야 한다. 이제 빵을 사기 위해 슈퍼에 가고, 다시 우유를 사러 가고, 또다시 설탕을 사러 간다. 그리고 깜빡 잊은 동생의 생일 선물을 부치기 위해 우체국에 간다. 다소 늦은 감이 있지만, 동생은 개의치 않을 것이다. 자동차 바퀴가 바람이 빠진 듯해서 친분 있는 수리공에게 공기 압력을 체크해 달라고 한다. 그 사이 동네 사람들과 잡담을 나누고 세상 돌아가는 일들에 대해 이야기한다. 저녁 식사 후 헬스클럽에 가서 운동을 함께 하기로 약속한다. 훑어봐야 할 보고서가 있고, 이메일 체크도 해야 하며, 마감 시간 전에 은행에도 다녀와야 한다. 오늘 해야 할 일들을 처리하기엔 시간이 턱없이 부족하다. 어쩔 수 없이 내일로 미뤄야겠다고 생각한다.

이런 판에 박힌 소리가 익숙하게 들리는가? 그렇다면 당신은 미루는 습관의 연속성에 길들어 있는 것이다.

미루는 습관의 연속성

약속 시간에 늦지 않기, 체중 줄이기, 마감 기한 전에 보고서와 과제 완성하기, 진료 예약하기, 자신감 갖기, 성질 내지 않기, 과음하지 않기, 새로운 친구 사귀기, 수줍음 극복하기, 방 청소하기, 중요한 청구서 제때 지불하기 등 미루지 않고 처리해야 하는 일은 매우 다양하다. 하지만 다양한 행동 안에 한 가지 공통점이 있다. 바로 어떤 일을 완성해야 한다는 인식, 회피하고 싶은 바람, 미루겠다는 결정, 나중에 시작하겠다는 다짐, 대체되는 행동과 같이 예상 가능한 패턴으로 이어진다는 점이다.

미루는 습관의 연속성은 다른 습관들과 마찬가지로 신발 끈을 묶는 것처럼 자동적이며, 예측 가능하다. 자신이 신발을 신으려고 한다는 것을 알면 신발이 있는 곳으로 가서 신발을 신고, 끈을 양쪽으로 당기면서 리본을 만들 준비를 한다. 끈을 서로 얽어 고리를 만들고, 리본으로 말끔하게 매듭짓는다. 각각의 단계는 마음의 결정과 동적인 행동의 조합이며, 스키를 탈 때나 문을 열 때 하는 행동처럼 기계적인 반응이다.

습관의 조절

일상생활이 얼마나 많은 절차상의 습관에 의해 기능적으로 조절되는지 알고 있는가? 나는 당신이 업무에 접근하는 방식을 어느 정도는 예측할 수 있다. 회의를 주도해야 하는 발표자라면 참석자들에게 인사를 한 다음, 회의안에 대해 설명할 것이다. 또 프로 운동선수라면 자동적으로 몸이 알아서 반응할 때까지 연습에 연습을 거듭할 것이다.

물론 예외의 경우도 있다. 눈앞에 맛있는 음식이 놓여 있으면 폭식을 하는 습관은 비기능적이다. 부정적인 기분이 속수무책, 절망, 자기 비난, 자기 연민 등의 염세적인 생각을 부추기기도 한다.

습관의 다양성 수준

연속성을 포함하는 복잡한 미루는 습관에는 잠재적으로 유쾌하지 않은 일이 포함되어 있다. 유쾌하지 않다는 인식은 긴장을 불러일으키며, 다른 일과 대체시키는 회피의 연속성과 결합된다. 미루는 습관의 연속성을 자세히 알아보기 위해 다음의 사항을 살펴보자.

- 일을 유쾌하지 않고, 불편하고, 위협적이라고 인식한다.
- 불편함을 참아 내는 게 불가능하다고 판단한다.
- 진행할 것인지, 말 것인지에 대한 싸움에 빠져든다.
- 나중에 더 잘할 것이라고 자신과 협상한다.
- 도피주의자의 습성에 젖음으로써 부정적인 사고와 유쾌하지 않은 감정을 피한다.
- 다른 일을 시작해야 함에도 처리하지 못한 일들로 인해 곧바로 착수하지 못한다.
- 회피의 과정은 일에 급박하게 뛰어들어야만 한다거나, 그만두어야 할 때까지 지속된다.
- 다시는 미루지 않겠다고 다짐한다.
- 늘어나는 욕구 불만에도 패턴을 반복한다.

미루는 습관의 연속성에 몇 개의 층을 더해 보고, 다양성을 '지금 당장 시행하라'의 연속성과 비교해 보자.

미루는 습관의 연속성	'지금 당장 시행하라'의 연속성
1. 유쾌하지 않은 일 또는 도전의 인식	1. 유쾌하지 않은 일 또는 도전의 인식
2. 자극을 위협으로 해석함	2. 자극을 도전으로 해석함
3. 전환과 지연을 자동적으로 결정함	3. 심사숙고하여 참여하기로 결정함
4. 지연에 대한 변명거리를 만들어 자신의 행동을 합리화함	4. 도전에 맞서기 위해 단계를 체계화하고 시작함
5. 대체적인 일을 시도함	5. 피드백을 기반으로 하여 추진하고 조정해 나감
6. 비난을 피하기 위해 변명거리를 생각함	6. 일을 완수함
7. 시작할 시점에 대해 얼버무림	7. 유쾌하지 않은 상황에 당당히 맞서기 위해 자신감을 가짐
8. 혼란을 느낌	
9. 벌어진 일에 대해 스트레스를 받음	
10. 시작하는 시점과 관련하여 자신과 다툼	
11. 지연에 대해 불편을 느낌	
12. 계속 다른 행동으로 대체함	
13. 준비가 되면 시작할 것이라고 약속함	
14. 미루는 습관을 질질 끌면서 회의를 느낌	
15. 좌절과 속수무책의 감정을 경험함	
16. 변명거리를 계속해서 지어냄	
17. 지연을 연장할 수 있는 방법을 강구함	
18. 막바지 분투를 하기 위해 서두름	
19. 다음에는 더 잘하겠다고 다짐함	
20. 미루기를 회피하는 습관을 반복함	

미루는 습관의 연속성은 건설적인 행동을 방해할 만큼 여러 가지 사항들이 얽혀 있다. 반면 '지금 당장 시행하라'의 과정은 복잡

하지 않다. 대신 과정을 실행하는 단계가 핵물리학자가 되기 위해 지식과 기술을 습득해야 하는 것처럼 광범위할 뿐이다.

미루는 습관의 연속성 깨닫기

미루는 습관의 연속성을 깨닫는 일은 미루는 행동을 중지하고 현명한 선택을 하기 위한 기반을 다지는 것을 의미한다. 미루는 습관을 계속해서 유지하든, 패턴을 바꾸기 위해 '지금 당장 시행하라'를 따르든 선택은 당신 몫이다. 만약 '지금 당장 시행하라'를 실천하기로 결심했다면 다음의 과정을 수행하라.

1. 연속적인 회피를 자극하는 특정한 일을 목표로 삼는다.
2. 연속성을 포함하는 아이디어, 이미지, 감정, 느낌, 행동을 파악하기 위해 자신의 사고를 관찰한다.
3. 잘못된 믿음에 대해 의문을 품고 논의한다.
4. 연속성을 무력화시키기 위해 자신을 문제와 관련된 상황에 노출시킨다.

**미루는 습관에서
벗어나기 위한 Tip**

미루는 패턴의 연결 고리를 끊는다

미루는 습관의 연속성을 깨닫는 일이 적극적인 변화를 위한 사전 조건이라고 할지라도, 깨닫는 것만으로는 변화를 모색하지 못한다. 미루는 습관의 연속성을 깨달았을 때조차도 미루는 패턴은 얼마든지 지속되기 때문이다. 변화를 모색하고 싶다면 미루는 습관의 연속성을 규명하고 구체화하여 미루는 패턴의 연결 고리부터 끊어야 한다. 그래야만 미루는 습관을 조절하는 유리한 입장에 놓인다. 그럼 연결 고리는 어떻게 하면 끊을 수 있을까? 질문에 대한 답을 찾기 위해 계속해서 미루는 습관의 과정에 확대경을 놓고 살펴볼 것이다.

의사 결정과 미루는 습관

러시아의 생리학자 이반 파블로프Ivan Pavlov는 음식을 주기 전에 개들이 침을 흘린다는 사실을 알게 되었다. 그는 침을 흘리는 것이 과연 무슨 의미인지 알아내고자 침 분비 반사 실험을 진행하기로 계획했다. 동료들은 그의 실험을 탐탁지 않게 여기고 자제해 줄 것을 요청했지만, 그는 동료들의 보수적인 생각을 뛰어넘는 리스크를 택하기로 결정했다. 그 결과 1904년 파블로프는 조건 반사의 발견으로 노벨상을 받았다.

성과를 내고 싶다면 단호하게 행동해야 하는 것은 물론, 리스크를 기꺼이 감수할 줄 알아야 한다. 미지의 영역에 필사적으로 발을 들여놓으려는 노력을 해야만 기회를 얻으며, 발전을 도모할 수 있다. 이러한 관점은 미루는 습관에도 적용된다.

미루는 습관에 젖어 있는 대부분의 사람은 리스크가 큰 상황보다는 안전한 상황을 택하고 싶을 것이다. 마치 어린아이들이 고리 던지기 놀이에서 막대에 가능한 한 가까이 서서 한 개라도 잘못 던지지 않으려고 애쓰는 모습처럼 말이다. 그러나 때로는 먼 거리에 서서 고리를 던져야 할 때도 있는 법이다. 여러 가지 사항을 꼼꼼히 따져 보고, 그에 따른 이익과 불이익을 생각하며, 자신의 가치와 상황에 일치되는 이성적인 선택만이 승리를 이끌어 낸다.

의사 결정의 두 가지 방식

미뤄야겠다는 결정이 때때로 너무 자동적으로 이루어져 자연스럽게 느껴지기도 한다. 하지만 아무런 평가 없이 이루어지는 것은 아니다. 그 순간 자신이 가지고 있는 최상의 정보를 토대로 선택에 따른 이점과 단점을 분석하는 과정을 통해 이루어진다.

현명한 결정을 내리기 위한 방법으로 미루는 결정 과정을 살펴보고, 다음과 같이 자율적 결정 과정과 비교해 보자.

의사 결정 방식

미루는 결정 과정	자율적 결정 과정
문제를 모호하게 이해함	문제를 명확하게 설명함
미루고자 하는 충동에 휩싸임	선택 사항에 대해 고찰함
나중이 더 나으며, 미루는 것이 아무런 문제가 없다고 판단함	선택으로 발생할 이익과 불이익을 파악함
미루는 행동을 합리화함	성과의 기회를 늘리는 반면, 리스크를 줄이기 위해 계획을 조정함
미루는 순환을 반복함	소기의 목적을 달성함

미루는 결정에서 오는 결과는 예측 가능한 반면, 자율적 결정 과정은 조정의 필요성을 느끼게 하는 자극제 역할을 한다. 따라서 의사 결정을 할 때는 목표를 조정하고, 타협의 여지가 있는 자율적 결정 과정을 따르는 편이 훨씬 효과적이다.

빗나간 결정

리스크와 관련된 의사 결정은 기분, 정신 상태, 감정, 충동, 편견, 애매모호한 목표, 불확실성 등 주관적인 사항들로 인해 왜곡된다. 그중에서도 억제와 걱정은 극단에 치우친 정신 상태로, 충분히 가능한 일도 할 수 없도록 무력화시키는 부작용을 낳는다.

억제에 의해 치우친 결정

억제는 억압된 역할을 조용히 실행하도록 강요하는 고통스러운 구속을 가리킨다. 고리 던지기 놀이에서 막대에 바짝 다가서 있도록 하는 것처럼 두려움과 긴장을 동반하며, 미루는 습관과 자연스럽게 결합된다. 하지만 모든 긴장이 억제를 닮는 것은 아니다. 건전한 긴장은 결정을 내리는 자유 의지로 이어진다. 이를테면 '체중을 줄이기 위해 당분간 케이크를 먹지 않는다', '사고를 피하기 위해 과속 운전을 자제한다', '영화관에 가기보다 아픈 친구를 돌보며 책임을 수행한다'와 같다. 이러한 결정은 자유 의지에 의한 것이다.

미루는 습관에 대항하는 방법을 활용하면 어느 정도 억제를 줄이게 된다. 동료에게 점심 식사를 하자고 말하는 것이 너무 곤란하다면 무엇이 곤란한지 생각해 본다. 어떤 일이 가장 최악의 상황인가? 최악의 상황에 어떻게 대항할까? 발생할 만한 가장 바람

PURRRR 계획

억제의 상황 : ....

중지(Pause)	활용(Utilize)	심사숙고(Reflect)	판단(Reason)	반응(Respond)	수정(Revise)
일단 멈춘다	패턴에 저항하기 위해 자원을 활용한다	무슨 일이 일어났는지 심사숙고한다	해결 방법을 곰곰이 따져 본다	단계에 뛰어든다	조정한다

직한 일은 어떤 것일까? 양극단 사이의 거리는 얼마나 될까? 질문에 답을 내린다면 리스크를 택하라. 만약 결과가 마음에 들지 않는다면 다른 계획을 궁리하라. 다시 시도해 보라.

무의미한 억제가 결정을 방해하고, 두려움이라는 부정적인 감정을 유발할 때는 PURRRR을 이용하여 없애 본다.

걱정에 의해 치우친 결정

당신은 피부의 혹을 보고 암에 걸렸을 것이라고 단정하는가? 약속 시간이 다 되어 가는 데도 친구가 오지 않으면 교통사고를 당한 것은 아닌지 의심하는가? 어느 날 아침 사장이 당신을 반갑게 맞아 주지 않으면 조만간 자신이 해고당할 것이라고 확신하는가? 만약 그렇다면 걱정에 의해 치우친 결정을 내릴 확률이 아주 높다.

지나친 걱정으로 문제를 객관적으로 인식하지 못하는 사람들은 대개 걱정에 대한 보상을 필요로 하는 경우가 많다. 바로 안도감이다. 암이 아니라 단순한 종양이라는 사실을 알게 되고, 친구는 아무 일도 없다는 듯 멀쩡한 모습으로 걸어 들어온다. 사장은 당신이 승진할 것이라고 말한다. 걱정한 일이 실제로 일어나지 않으면 안도감을 느끼게 되고, 안도감은 일시적으로나마 마음을 편안하게 해 준다. 불편하게 느껴지는 일을 다음 날, 혹은 다음 시간으로 미루고 일시적인 편안함을 느끼는 것과 같은 이치이다.

걱정에 대한 본질에서 미루는 습관에 역행하는 성분을 찾는다. 만일 당신이 지나치게 걱정하는 경향이 있다면 미래주의자처럼 생각해 보라. 앞서 생각한다면 회피하는 대신 실천으로 옮길 것이다. 걱정에 대항하는 행동은 동시에 미루는 습관에 대항하는 행동이다. 회피했을 시점에서 직접적으로 걱정에 맞서는 것은 걱정으로 인해 발생된 미루는 습관을 다루는 것이나 다름없다.

미루는 습관에서
벗어나기 위한 **Tip**

'자신으로부터 벗어나기' 실습을 해 본다

'자신으로부터 벗어나기'의 실습을 해 보자. 고개를 숙이고 다닌다면 걸을 때 주변을 둘러본다. 눈 맞춤을 피하는 경향이 있다면 사람들과 시선을 맞춘다. 인사를 잘 하지 않는다면 매일 아침 세 명의 사람에게 먼저 인사말을 건네겠다는 계획을 세운다. 잔돈을 바꿔 달라는 말을 하기가 거북하다면 일주일 동안 매일 다른 가게에 가서 잔돈을 바꾼다. 주변에서 벌어지는 일에 대해 관심을 기울이지 않는다면 앞으로 5일에 걸쳐 매일 15분 동안 주변을 활보하며 이전에 보지 못했던 것은 없는지 찾아본다.

이렇듯 '자신으로부터 벗어나기' 실습에 참여하면 최소한 두 가지 혜택을 얻는다. 첫째, 억제된 감정과 행동을 제어함으로써 억제에 의해 유발된 미루는 습관에 대항한다. 둘째, 이전과는 다른 방식으로 경험하고 표현함으로써 걱정하는 일이 줄어든다.

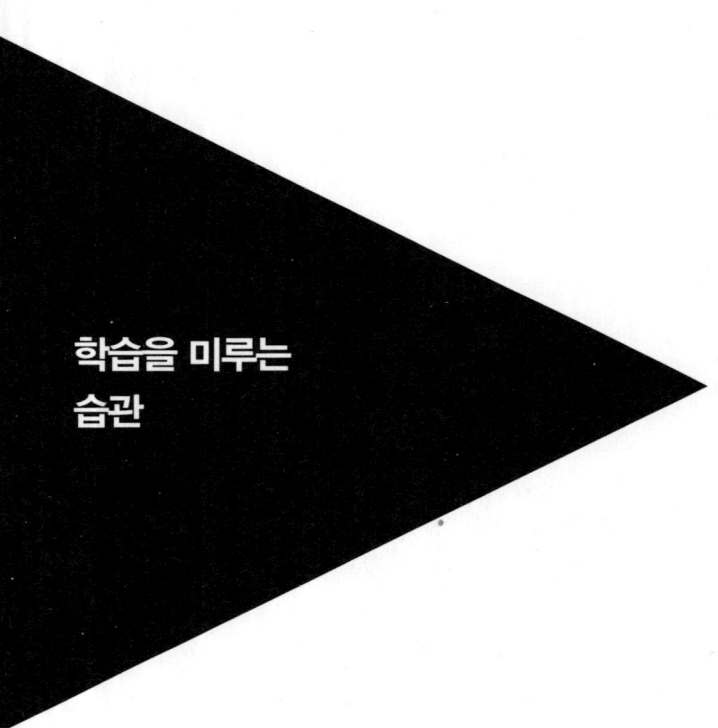

학습을 미루는 습관

우리가 확실히 아는 유일한 것은 죽음과 세금뿐이라는 말이 있다. 여기 확실한 한 가지가 더 있다. 배움에는 끝이 없다는 것이다. 교육을 통해 얻은 지식은 문제 해결 능력을 향상시키도록 도와줄 뿐만 아니라, 미루는 습관을 극복하는 데 유용한 도구로 활용된다.

학습 목적을 결정하고, 계획을 세우고, 실행하고, 피드백을 토대로 자신이 행동을 조절할 때, 비로소 자율적 학습에 참여하게 된다.

그러나 성취와 측정이 가능한 목표를 세우는 것만으로는 충분하지 않다. 자율적 학습에는 목표 지향적 행동이 뒷받침되어야 한다.

우리는 책과 모방(다른 사람들이 말하는 것)을 통해 배우지만, 중재 학습(광범위한 정보를 체계화하도록 하는 학습-역주)에서는 시뮬레이션을 통해 문제 해결에 적극적으로 참여한다. 예를 들어 이 책은 미루는 습관을 보는 관점, 정보 수집, 실제적인 기법, 행동 실습에 대한 다양한 방법을 제시한다. 이 방법들을 실험하고 실천함으로써 당신은 중재 학습에 참여하게 되는 것이다.

이번 장은 자율적 학습과 중재 학습을 지원하기 위해 학습의 혼란을 설명하는 것으로 시작하고자 한다. 이어서 감정적 혼란을 줄이는 방법으로 정보 관리 기법을 설명하고, 자율적 행동을 위한 스물한 가지 기법으로 마무리할 것이다.

학습의 혼란

당신이 학기 말 과제물의 마감을 앞두고 있는 학생이라고 하자. 컴퓨터 게임을 하거나 친구들과 모여 피자를 먹는 등 과제물 작성보다 훨씬 즐거운 다른 일을 할 수 있다. 과제물을 어떻게 시작해야 할지 또는 다른 학생들과 어느 부분을 비교해야 할지 결정하는 거북함, 노력에 따라 나오게 될 점수에 대한 불확실성을 일시적으로 회피한다. 나중에 과제물을 완성하는 데 시간이 부족한 위기적 상황에 처하는 것은 당연하다.

당신은 지연에 대해 압박을 받으면 더 잘한다고 핑계를 둘러댈 것인가? 그러나 더 나은 선택이 있다. 가장 큰 보상을 받을 수 있는 목표에 집중하면 된다. 위스콘신 대학의 심리학 박사 케네스 배런Kenneth Barron과 주디스 하라키위츠Judith Harackiewicz는 숙달과 성과 목표의 조합은 더 나은 결과를 낳는다는 사실을 발견했다. 숙달의 추구를 통한 지속적인 향상은 물론, 성과 목표를 따름으로써 주어진 시간 안에서 특정한 수준의 성과에 도달한다는 것이다.

100퍼센트 완벽한 성과를 얻기에 실수할까 걱정이 된다면 완벽주의에 빠졌다고 할 수 있다. 완벽주의는 '실패에 대한 두려움'이라고 불리는 암울한 손님을 초대한다. 두려움은 다른 사람들의 기대에 부합하지 못할지도 모른다는 불안함에서 비롯된 것이다. 두려움에 사로잡히면 학습 과정을 미루게 되고, 미루는 행동이 반복되면 배움의 미루는 습관으로 이어진다.

완벽주의의 미루는 순환을 무너뜨리려면 완벽을 원하는 동시에 인간의 가치와 존엄을 중요시 여기는지 심사숙고하라. 그럼 어떻게 가치와 위엄을 손상시키는 좁은 기준에 집착하는 것을 합리화하겠는가?

실패에 민감한 사람들은 높은 성과를 보장받기 위해 과도한 학습 경향을 보이며, 마음에 드는 정보를 입수했다고 믿을 때까지 미루는 방법을 찾는다. 이것은 전형적으로 결함이 있는 전략이다. 높은 기대와 기준을 만족시키지 못할까 봐 두렵다면 미루는 습관은 매우 호소력 짙은 해결책이 된다. 결국 가능한 한 끝까지 미루다 겨우 마감 시간에 맞춰 벼락치기로 과제를 완수한다.

성공을 강조하고 실패를 비난하는 문화 속에 사는 학습자들은 비난 회피 기법(기준에 못 미칠 때 변명거리를 만들어 냄)에 대해 일찌감치 터득한다. 부정적인 자기 평가를 지연시키기 위해 가능한 한 오랫동안 미룬다. 중요한 과제들이 최후의 순간까지 미루어지는 것도 바로 이러한 이유 때문이다.

우리들이 사용하는 비난적 말투의 대부분은 역설적 효과를 갖고 있다. "제대로 못 해?", "대체 왜 그래?", "저런 바보같이"라고 말하는 것은 잘하기 위한 자극으로 작용하기보다는 과제를 방해할 뿐이다. 비난은 잘못, 불편, 당황, 부끄러움, 죄의식, 자의식과 연계된 상황을 회피하는 강력한 자극제 역할을 한다.

학습 과정의 미묘한 측면

교육의 목적이 외부적 보상(누군가에 의해 주어지는 상 또는 벌)을 활용하면서 학생들에게 배움에 대한 내재된 동기를 부여해 주는 것이라면 관점들은 충돌한다. 로체스터 대학의 심리학 박사 에드워드 데시Edward Deci는 일반적으로 성과에 대한 외부적 보상은 부정적인 효과를 주며, 행동에 대한 보상이 중단되면 이전보다 성과가 덜 좋게 나타난다고 지적했다. 외부적 보상이 내재된 동기에 부정적인 영향을 미치는 까닭이다.

외부적 보상에 대한 당신의 관점은 종종 다른 사람의 일정에 따를지, 저항할지의 문제로 결정된다. 교수가 당신에게 리포트를 마감 기한에 맞춰 끝내라고 지시했다고 가정하자. 자발적으로 충분히 할 일을 누군가에게 지시를 받아서 하려니까 순간 화가 치민다. 급기야 방해의 미루는 덫에 걸려 리포트 작성을 나중으로 미룬다.

마감 기한이나 성적은 외부에서 부과된 것이다. 이 점은 혼란을 야기한다. 마감 기한이란 최대한의 순응과 준수가 보장되는 한 효과적이다. 마감 기한의 준수에 대한 보상은 좋은 성적 또는 칭찬의 형태로 나타나기도 한다. 그러나 외부적 보상이 불필요하게 부과될 때 부정적인 영향을 주며, 외부적 보상이 취해지기 전에 스스로 이루었던 것보다 작은 성과를 거두게 만든다. 외부적 보상 없이도 스스로 알아서 마감 기한을 잘 맞추는 사람에게 마감 기한을 맞추라고 압박을 주면 괜한 반항심을 불러일으켜 역효과만 낳을 뿐이다.

정보 관리

어느 날 밤늦게까지 실험실에서 일을 하던 사악한 과학자가 '걸프'라는 이름의 미생물을 만들어 냈다. 걸프는 정보를 닥치는 대로 먹어 치우는 놀라운 능력을 가지고 있었다. 과학자는 창문을 열어 걸프를 풀어 주었다.

걸프는 탐욕스러웠다. 많은 정보를 빨아들였고, 정보를 빨아들이면 빨아들일수록 몸은 점점 불어났다. 결국 걸프는 자멸하고 말았다. 불쌍한 돌연변이는 정보의 과부하 상태가 되고 만 것이다.

즉시 활용 못 할 정보를 배우는 것은 배우기를 원치 않았던 내용을 반복적으로 배우려는 시도를 하도록 유도한다. 억지로 배워야 한다는 부담감은 관심을 떨어뜨리고, 떨어진 관심은 정보의 부족으로 이어지며, 자료를 판독하는 일에도 이전보다 덜 열성적으로 임하게 만든다. 이러한 상황에서 당신은 과부하를 느낄지도 모른다. 하지만 과부하는 다른 방식으로도 발생한다. 리처드 메이어Richard Mayer, 줄리 하이저Julie Heiser, 스티브 론Steve Lonn은 하나의 감각을 통해 동시에 전해지는 정보는 관심을 분산시키며, 흥미롭지만 관련성이 없는 정보는 주요 초점에서 멀어진다고 주장했다.

학습에 대한 관심을 증진시키는 것은 물론, 정보의 과부하를 줄이는 방법은 많다. 자신을 단련시키기 위한 방법으로 '사전 체계화'라고 불리는 전략을 살펴보자.

정보의 사전 체계화

정보의 사전 체계화란, 자신이 탐구하고자 계획한 자료를 체계화하기 위해 핵심 아이디어와 질문들을 활용하는 것을 말한다. 특별한 내용을 받아들일 준비가 되어 있는 상이한 제목의 파일을 생각해 보면 보다 쉽게 이해된다. 파일의 제목은 지적 체계를 보여 주며, 새로운 자료를 체계화하고 분류하는 데 도움을 준다.

심리학자 데이비드 오스벨David Ausubel은 사전 체계 기법으로 유명하다. 사전 체계 기법을 통해 체계화와 관련된 아이디어 구조를 고안해 냈다. 다음은 그에 관한 몇 가지 방법이다.

- 컴퓨터 데이터베이스를 탐색할 때, 축약된 자료들은 텍스트의 내용을 암시하는 핵심 문구와 용어로 나열한다. 완벽한 텍스트를 갖춘 자료를 추려 내는 데 유용하다.
- 장章의 끝 부분에 질문이 적혀 있는 서적이라면 그 부분을 먼저 읽어 본다. 작가가 무엇을 중요하게 생각하는지 알게 된다. 뿐만 아니라 책을 읽어 내려가다 보면 질문과 연관된 내용을 발견할 것이다.
- 자신이 연구하고 있는 분야의 입문서나 개요를 검토한다. 가장 중요한 아이디어, 명칭, 기호들을 강조함으로써 사전 체계의 구조를 파악한다.
- 자신이 찾는 정보가 단편적으로 세분화되는 상황이라면(모두를 한곳에서 얻을 수는 없다) 찾고자 하는 정보에 대한 핵심 질문을 명확하게 만든다.
- 자신의 생각을 체계화하기 위해 역할을 바꾸는 전략을 이용한다. 예를 들어 자신이 공부하고 있는 주제로 강의 준비를 해야 한다면 어떤 식으로 체계화할 것인가? 주요 요점은 무엇인가? 어떤 상세한 정보를 보기로 활용할 것인가?

인터넷에서 아이디어 추출하기

인터넷을 효과적으로 활용하기 위한 몇 가지 간단한 방법이 있다. 여기에는 선택한 주제에 대한 정보를 검색하기 위해 질문을 만들고 핵심 단어를 알아내거나 발견하는 것을 포함한다. 두 가지 방법은 비교적 빨리 배우는 것들이다. 정보의 새로운 지류를 깨닫고 결과를 분석하기 위해 응용하는 지적인 과정은 정보 탐색의 질과 정보를 어떻게 활용할지를 결정한다.

우리는 자료 속의 패턴과 추세를 조사하고 논리와 판단을 기반으로 적합한 정보를 모음으로써 비판적 사고 기술을 구축하게 된다. 아래의 내용은 그러한 목적을 위한 체계를 제공한다.

- 자신이 무엇을 알기 원하는지, 왜 그 정보가 자신에게 중요한지 따져 본다.
- 자신의 관심사와 관련 있는 보다 넓은 영역의 자료를 오려 내고, 복사하고, 분류한다.
- 자료들을 위한 참고 파일을 따로 보관한다. 특히 핵심 아이디어와 중대한 참고 사항들을 포함하고 있는 자료들은 전부 그대로 보관할 가치가 있다.
- 아이디어에 도움이 되거나, 또는 부당성을 증명하기 위해 활용할 자료에 특별히 관심을 기울인다. 이것들은 정보의 우선적인 출처가 된다.
- 고려하지는 않았으나 연관성을 깨우쳐 주는 자료들을 자세히 조사한다.
- 정보의 패턴과 추세를 검토한다. 전체 그림에서 빠진 것이 무엇인지 생각해 본다. 놓친 정보가 새로운 영역을 개척하도록 자극하기도 한다.

- 새로이 얻은 정보에 제목을 붙인다. 사고를 체계화하는 데 도움이 된다.

텍스트 자료 관리

분석하고자 하는 정보가 아무리 중요하다고 해도 정보 처리와 검색 능력에는 한계가 있다. 그럴 때는 지식을 노하우로 전환함으로써 기억과 회상 능력을 향상시켜 본다. 일례로 시험에 통과하기 위해 정보를 토해 내야 한다면 다음의 제안 요소들을 활용한다. 먼저 장의 끝 부분에 있는 질문을 검토한다. 이 같은 절차는 자료에 대한 참고의 틀을 제공한다. 그다음 핵심을 기록하고, 체계화하고, 요약한다. 정보의 획득과 지식의 형성에 대한 기회를 높일 것이다. 원문 자료의 보존 능력을 향상시키고자 한다면 다음의 기법들을 테스트해 본다.

- 친숙한 모든 것에 새로운 아이디어를 접목한다. 자료의 잠재적인 의미를 파악하는 데 도움이 될 것이다.
- 반복되는 요점을 찾는다. 작가들은 핵심 사항을 반복하는 경향이 있다.
- 관련된 정보의 자원을 교차 조회한다. 관심 있는 주제와 관련된 텍스트의 색인을 살펴보고, 정보를 연결한다.
- 자료에 저작권을 행사할 사람과 대화를 나눠 본다. 때로는 비공식적 상호 작용을 통해 막연했던 상황이 명확해진다.

벼락공부 넘어서기

바람직하지 않은 임시변통임에도 벼락공부는 덜 복잡한 정보에 대한 단기적인 기억력이 요구될 때 놀랄 만큼 효과적이다. 기습적인 방해와 산만함으로 혼란을 맞기도 한다는 단점만 주의한다면 긍정적인 결과로 이어질 확률이 꽤 높다.

한 사람의 욕구 불만의 수준은 서둘러 상당한 양의 정보를 습득하려고 시도할 때 높아진다. 여키스-도슨의 법칙에 의하면, 복잡한 정보를 습득하려는 상황에서의 높은 수준의 욕구 불만은 학습을 방해한다.

예를 들어 보자. 피터는 시험 하루 전날까지 역사 기말고사 시험 공부를 미루다 벼락공부로 밤을 새웠다. 온 방에 커피 잔을 잔뜩 쌓아 놓고 새벽녘까지 책과 노트를 읽었다. 결국 피터는 시험 당일 답안지를 펼쳐 놓고 안절부절못하는 마음 상태, 높아만 가는 불안, 성과가 저하되어 가는 순간을 맛봐야 했다.

막바지의 노력 덕분에 시험에 통과하는 경우가 적지 않다. 막바지에 주입한 정보는 잊히지 않고 신선하게 남아 있는 탓에 기억이 일시적으로 예리해지기 때문이다. 벼락공부의 기술은 급한 과제를 받아 시간에 쫓기며 주제에 대한 정보를 수집해야 할 때도 도움이 된다. 그러나 벼락공부가 습관화되면 지식의 전개는 다음의 상황에서 현저히 둔화된다.

- 벼락공부에 대해 장기적인 만족감을 거의 느끼지 못할 때

- 성공했다는 느낌 대신 성가시게 여겨질 때
- 장기적인 정보 처리 기술을 형성하기 위한 능력이 제한적일 때
- 대부분의 학습이 방해받기 쉽고 잊히기 쉬운 일시적인 기억일 때

벼락공부가 정보의 과부하로 이어지면 형편없는 판단이라는 결과를 낳는다. 알프레드는 금융 시장에 투자하기로 결정한 뒤, 자신이 모을 수 있는 모든 적합한 정보를 모으기 위해 풋옵션, 콜옵션, 베타 계수, 주가 수익률, 주주 자본금, 200일간 이동 평균선, 매수·매도 신호를 검토했다. 그런데 정보의 양이 늘어 감에 따라 알프레드의 욕구 불만도 늘어갔다. 피곤이 급격하게 몰려왔고, 감당하기 어려울 정도로 몰려드는 세세한 사항들 때문에 짜증이 났다. 정보의 이해 부족으로 힘들어하던 알프레드는 그만 주저앉아 버렸고, 원금을 확실하게 늘려 주겠다고 광고하는 엉터리 투자 회사에 투자하여 손실을 입었다. 정보 과부화의 공통적인 결과인 잘못된 판단이 빚은 사태이다.

때로는 벼락공부가 좋은 대안이 되기도 한다. 하지만 학습 과정에서의 정답은 지식의 습득과 정기적인 검토이다. 익힌 지식을 검토함으로써 자신의 학습용 저축 계좌를 충전해야 하는 것이다. 막바지에 끌어모으듯 지식을 주입한 사람은 꾸준함을 내세워 지속적으로 공부해 온 사람을 당해 내지 못한다.

감정적 부분에 대처하기

감정적으로 연계된 정보와 경험은 쉽게 기억되고 연상된다. 자신이 관심 있어 하는 분야의 정보는 신념과 연결되기 때문에 더욱 자세히 알고 싶고, 정보로 인해 이익을 얻으리라는 생각에 적극적으로 조사하게 된다.

감정은 혼란스러워지거나 왜곡된 결과를 낳기도 한다는 부정적인 면도 가지고 있다. 이에 관한 몇 가지 주제를 아래에서 다룰 것이며, 감정이 미루는 과정의 사고를 자극하는 데 미치는 영향을 줄이는 방법을 찾아볼 것이다.

혼란 줄이기

다른 사람을 화나게 하고 싶다면 그 사람의 일에 끼어들어 계속해서 방해하면 된다. 방해는 질문이나 관심, 정보를 얻는 과정에 사람들이 끼어들 때 발생한다. 집중을 하지 못하도록 만들어 단기적인 기억 속의 정보가 장기적인 기억으로 전달되는 것을 방해하고, 감정적 문제와 연결된 강박적인 선입견 또한 같은 효과를 준다.

내부적 방해는 정보 처리와 보유 능력을 발휘하지 못하게 감정적 부하를 상승시키는 것이다. 외부적 방해에는 전화벨 소리, 큰 소리로 대화하는 소리 등 소음의 침입이 대표적이다. 이러한 혼란은 다음의 네 가지를 포함한 다양한 방법으로 줄이도록 한다.

- 자신이 선택한 공부 장소는 정보 획득의 속도, 확률, 질을 감

소시킬 수 있다. 졸기 쉬운 침실에서 공부할 때는 상당한 시간을 빼앗긴다는 점을 생각해 보자. 당신은 독서실이라는 환경에서는 생산적으로 공부가 된다는 사실을 알고 있다. 집에서 침대 대신 책상을 사용한다고 핑계를 댄다면 독서실에서 공부하는 것을 그만두기 위해서는 어떤 말을 해야 할까?

- 학습과 생산적인 효율성이 현저하게 떨어지는 포만점satiation point에 도달하기도 한다. 그럴 때는 효용이 줄어드는 시점에 발생하는 비효율성을 피하기 위해 덜 부담스러운 일로 전환한다.
- 휴식 시간을 갖는다. 기분 전환을 하고 나면 효율성을 되찾을 것이다.
- 복잡한 학습을 시작하기 전 30분가량 가벼운 운동을 한다. 운동은 경계심, 관심, 집중과 관련된 호르몬이자 신경 전달 물질인 노르에피네프린norepinephrine을 자극하며, 신체에서 자연적으로 발생하는 또 다른 신경 전달 물질인 세로토닌serotonin과 기분을 좋게 하는 화학 물질인 엔도르핀endorphin 분비를 촉진한다.

잘못된 기대 최소화하기

일반적으로 학습을 학교의 일과 관련지어서 생각한다. 이 같은 관련은 좌절이나 실패뿐만 아니라, 성취와 자신감이라는 이미지를 만들어 낸다. 예를 들면 새로운 도전을 맞이할 무대와 같이 긍정적인 연상을 할 수도 있다. 반면에 완고한 선생님, 위협, 좌절, 구속, 비현실적인 부모의 기대, 평가, 낙제, 그 밖의 배움을 방해하는 부정적인 것들을 떠올리기도 한다.

비합리적 기대는 문제를 일으킨다. 잘 익은 수박을 통째로 도리하려는 사람은 없을 것이다. 황당한 발상이다! 그러나 환상의 세계에서는 활용하는 데 막대한 시간이 걸리는 광범위한 정보를 순간적으로 배울 수 있다고 여긴다. 자신이 얻은 모든 정보를 세세하게 보유하고 싶다면, 자신의 명확한 사고 능력을 방해하는 정도까지 좌절의 수치를 높여야 하는 위험을 감수해야 할 것이다.

자율적 행동을 위한 스물한 가지 기법

다음의 기법은 미루고 싶은 유혹을 떨쳐 내기 위한 실제적인 방법으로, 시간을 체계화하고 정보를 효율적으로 이용하도록 도와준다. 미루는 습관에 대항하는 기법을 터득하면 미루는 행동을 자율적 행동으로 대체할 것이다.

1. 우선순위를 정한 다음 집중한다. 전환적인 행동을 하여 회피한다거나, 마음을 어지럽히지 않는다.
2. 아무리 복잡한 일이라고 할지라도 처음은 간단하다. 아주 작은 것부터 시작한다. 할 만큼만 추려 내어 차근차근 단계를 밟아 나간다.

3. 인간의 정보 처리 능력에는 한계가 있다. 자신의 역량에 과부하가 걸리지 않도록 시간을 조절하여 처리한다.
4. 단기적인 기억은 손상되기 쉽다. 중요한 정보는 체계화하고 기록하여 문서로 따로 보관한다. 흐트러진 메모나 관련 없는 서류들을 상자 속에 넣어 두는 것도 좋은 방법이다. 산만한 책상은 집중을 방해하여 정신을 혼란케 한다.
5. 공통점을 찾는다. 때때로 여러 가지의 핵심이 되는 우선적인 것, 마감 기한이 같은 것이 여러 개일 수 있다. 우선순위가 겹쳐지는 곳에서 각각의 프로젝트를 만족시키는 공통의 과제를 찾고, 하나의 노력이 다른 곳에도 도움이 되도록 기회를 만든다.
6. 광범위한 정보를 조사할 때는 정보의 패턴과 추세를 탐구한다. 정보의 영역에 대한 참고와 함께 자신의 판단 능력을 향상시킨다.
7. 시너지를 추구한다. 이전의 문젯거리에 새롭게 발견된 해결책을 도입하고, 이전의 해결책을 새로운 문제에 응용해 본다.
8. 다음의 방법을 이용해 아이디어와 상호 작용한다. 먼저 '그랬었다면 어떻게 되었을까?'의 시나리오를 만든다. 그다음 상이한 각도와 관점에서 자료를 바라봄으로써 의식적 사고 능력을 키운다. 마지막으로 유용한 정보를 주는 자료를 응용한다.
9. 잠에서 깨어나는 새벽녘에 영감이 갑자기 떠오를 수도 있으므로 필기도구를 침대 주변에 항상 비치한다.

10. 지식이 풍부한 사람들과의 만남을 정기적으로 마련한다. 지적 능력을 향상시킬뿐더러 아이디어를 구체화하는 데 도움을 받는다.
11. 자신의 노력을 극대화할 장소에서 일한다. 도서관처럼 조용한 분위기에서 일하는 사람들은 침대에 누워 공부하는 사람들보다 집중력이 훨씬 높을 것이다.
12. 일의 효율성이 떨어지는 기간에도 자료 복사, 파일링, 정보 올려 받기 등의 일정 계획을 세워야 할까? 물론이다. 지식과 정보를 활용하게 될 때를 대비하여 문서를 만들고, 정보를 체계화한다. 복잡한 정보를 평가하고 활용해야 하는 정신적 효율성의 최고점에 도달할 것이다.
13. 바쁜 일정에도 기운을 돋우고 안정감을 주는 취미 활동을 자주 한다. 운동, 가벼운 책 읽기, 화초 가꾸기 등은 생산적인 빈둥거림이다.
14. 정기적으로 정보를 검토한다. 참신한 아이디어가 떠오를 것이다.
15. 오랜 기간 집중하다 보면 자신이 개발하고 있는 자료에 너무 밀접해져 명확성을 잊어버린다. 적당한 거리를 유지하며, 지식의 자료를 수정하기 위한 시간을 갖는다.
16. 매개체를 바꾼다. 컴퓨터를 이용하여 보고서를 작성했다면 결과물을 인쇄하여 확인한다. 자신의 노력에 대한 새로운 경험을 맛볼 것이다. 똑같은 자료를 다른 시각으로 보면 중

복 사항이나 수정 사항도 쉽게 발견한다.
17. 효용 가치가 없는 이론들을 분리해 낸다. 아이디어의 세계에서 딱딱하게 여겨지는 이론들이 과연 실용적일까? 경험과 일치할까? 미래에 일어날 일들을 예언할까? 이러한 질문들은 상식의 개념을 유지하도록 도와준다.
18. 새로운 접근법을 고려할 때는 속도에 맞춰 진행한다. 접근법이 실제로 어떻게 작용할까? 첫 번째, 두 번째 단계는 무엇일까?
19. 진척 사항을 검토하는 데 자신의 체계를 적용한다. 예를 들면 선택과 판단에 대한 효과를 측정하기 위한 목록을 만든다. 좋은 결과를 기대할 수 없다고 해도(대부분의 사람은 통찰력과 결정에 대한 환상을 갖고 있고, 잘못되어 가고 있을 때조차도 당연히 자신이 옳다고 생각한다) 현실은 놀랄 만큼 효율적인 스승이 되어 준다.
20. 중요하다고 생각하는 정보를 기억하고 활용하도록 메모하는 습관을 들인다. 메모는 검토할 때 유용한 도구로 쓰인다. 정보를 검토하지 않고 보관만 해 두는 것은 아무런 소용이 없다.
21. 다소 심각한 일 속에서도 유머를 발견하도록 노력한다. 유머는 자신의 노력을 낙천적인 관점에서 생산적으로 유지하도록 이끌어 줄 것이다.

**미루는 습관에서
벗어나기 위한 Tip**

인식의 추구를 위해 결코 멀리 갈 필요는 없다

18세기의 철학자 임마누엘 칸트Immanuel Kant의 개념은 수 세기에 걸쳐 이어져 오고 있다. 칸트는 자신이 태어난 마을에서 몇 마일 이상이나 떨어진 곳을 여행해 본 적이 없다. 즉, 차이를 만드는 것은 개념 자체의 배경이나 활용성이 아니다. 자신의 마음을 창의적인 도구로 활용하고 통제함으로써 생성하는 것이다.

미루는 습관에 대한 적극적인 통제력은 하나의 주요한 미루는 형식을 선택하고, 해결 방법을 알아내고, 알아낸 사실을 다른 형식에 적용할 때 강화된다. 통제력에 대한 아이디어 구상은 미루는 패턴을 변화시킬 때까지 지속 또 지속해야 한다. 해야 할 일들을 시기적절하게 효과적인 방법으로 처리하는 습관을 갖게 될 때까지 전진할수록 미루는 습관에서 벗어나기 위한 강력한 동기 부여를 받게 될 것이다.

운동, 다이어트, 스트레스 해소 등을 미루는 습관

새해를 맞이하면 으레 다짐을 한다. 청구서 제때 지불하기, 옷장 깨끗이 정돈하기, 일정에 맞춰 보고서 끝내기, 체중 줄이기, 운동하기, 스트레스 해소하기 등 다짐의 종류도 다양하다. 안타깝게도 다짐은 며칠을 넘기지 못한다. 이유가 뭘까? 다짐을 힘든 의무라고 생각하기 때문이다. 반드시 실행해야 한다는 압박을 받으면 움츠러들고 회피하게 된다.

새해라고 해서 다를 것은 없다. 미룬 과제들은 1년 중 어느 때나 다시 시작해도 된다. 대신 목적을 규명하고, 건실한 계획을 세우고, 제대로 실행해야 한다. 단, 너무 피상적이거나 미루는 습관을 제어하기 어려운 방법은 포함시키지 말아야 한다.

이번 장에서는 '운동', '다이어트', '스트레스 해소하기'라는 건강에 관한 세 가지 핵심 목표를 달성하기 위한 방법에 대해 살펴볼 것이다. 모든 분야에서 효율적으로 행동하기 위한 접근법은 미루는 습관의 과정을 억제하는 상이한 방식을 망라한다. 예를 들면 흡연이나 과도한 음주 습관은 건강과 관련된 문제이므로 건강을 지키기 위한 계획을 통해 어느 정도 극복 가능하다.

다이어트 부분에서는 건강과 관련한 미루는 습관을 극복하기 위해서는 어떻게 하면 좋은지 아이디어를 제시한다. 바로 이어지는 내용에서는 현실과 이상 사이에 놓인 미루는 장애를 넘어서는 방법과 자신이 형성하고자 하는 습관을 증진하기 위한 일이 무엇인지 알아볼 것이다. 만약 자신이 건강의 향상으로 혜택을 받을 사람들 가운데 한 명이라면 지금 당장 시작해 보자.

건강하고 보기 좋게

균형 잡히고, 다부지고, 역동적으로 보이는 자신의 모습을 상상해 본다. 상상 속에서 벗어나 헬스클럽에 등록하고 운동을 시작한다. 그러나 눈에 띄는 빠른 변화를 느끼지 못하다 보니, 긍정적인 결과를 기대하던 희망은 곧 시들해진다. '아무래도 몸매를 다듬고 와야 할 것 같아', '분명히 더 좋은 방법이 있을 거야'라고 애써 자신을 합리화하며 운동을 나중으로 미룬다. 헬스클럽에 돈을 낭비한 자신을 비난하기보다는 '헬스클럽에 오는 사람들은 잘난 체하고 속물들인 것 같아. 그런 사람들과는 어울리고 싶지 않아'와 같이 생각함으로써 미루는 행동을 정당화한다. 자신의 체면을 살리기 위해 어느 정도 몸매를 가다듬고 다시 헬스클럽으로 돌아가겠다고 결심한다. 그러고는 운동하지 않는다. 우발적인 내일이 또다시 찾아온다.

변화를 위한 동기 부여

운동 프로그램을 시작한 지 3~6개월 만에 40~65퍼센트의 사람들이 중도 포기한다. 한 해가 지나면서 숫자는 점점 늘어난다. 시작한 사람들에 비해 훨씬 많은 형태의 운동 프로그램이 계획될 뿐이다. 어떤 사람들은 TV 에어로빅 프로그램이나 비디오테이프를 틀어 놓고 따라 하다 이내 채널을 돌린다. 어떤 사람들은 감정을 자극하는 판매원의 말에 혹해 거액을 들여 운동 기구를 사들인다. 부푼 기대를 안고 운동하는 것도 잠시, 화면에 나오는 미끈하고 잘 다듬어진 모델들처럼 미소를 짓지 못하는 자신을 깨닫는다. 짧은 격려는 더 이상 자극이 되지 않는다.

당신이 미루는 습관의 덫에 걸려 운동 과정에 참여하지 못하는 사람들 중 하나라면 결심을 강화하는 몇 가지 정보가 있다. 정보는 운동 프로그램이 어떤 영향을 끼치는지, 그 외의 부수적인 혜택은 무엇인지, 원하는 바를 유지하고 얻기 위해 일주일에 몇 시간을 투자해야 하는지, 그만두고 싶은 마음이 들 때 어떻게 행동해야 하는지에 대해서 알려 준다. 정보를 통해 명확하고 합리적인 목표를 세울 뿐만 아니라, 운동 프로그램에 대한 장점과 단점을 검토하게 된다.

당신은 운동의 혜택을 주제로 한 수십 권의 책을 읽고, 전문가들의 말을 들어 보고, 추천받은 프로그램의 조사가 끝나면 운동을 곧 시작할 것이라고 다짐한다. 시작하기 위한 좋은 명분은 이미 갖고 있다. 그러나 운동으로 얻는 혜택이 세세한 면에서는 부족하다는 생각이 들면 운동을 미루고 싶은 충동에 휩싸인다. 몸매를 다듬어 준다거나, 체중을 감량시켜 준다거나, 근육량을 늘리는 것과 같은 외모를 중심으로 한 혜택만 살펴본 결과, 미루고 싶은 유혹에 빠져든다.

규칙적인 운동은 콜레스테롤의 수치를 낮춰 주고, 심장 기능을 강화시켜 주며, 탄수화물과 지방의 신진대사를 돕는다. 또한 우울증 치료에 도움을 주는 신경 전달 물질인 세로토닌 분비를 촉진하며, 행복감과 관계있는 엔케팔린enkephalin과 베타-엔도르핀 수치를 상승시킨다. 운동이 면역 체계를 향상시킨다는 탁월한 증거는 발병, 병의 심각성, 잠복 기간, 악성 질병에 어느 정도의 긍정적인 영향을 준다는 점에서 고무적이다.

시작하고 지속하기

운동은 아무 때나 시작할 수 있다. 지금 당장 제자리에서 뛰는 것으로도 말이다. 문제는 운동을 지속해야 한다는 점이다. 운동을 지속하는 것은 미루는 습관을 가지고 있는 사람들에게 도전이나 마찬가지다. 그만둘 명분은 어떻게 해서라도 찾아낸다. 헬스클럽까지 매번 직접 운전해서 가야 한다거나, 집에서 혼자 운동할 때 전화벨이 울린다는 것과 같은 방해가 있으면 운동을 지속하기가 어렵다. 날씨 조건 또한 일시적으로 옥외에서의 운동을 위축시킨다. 사실 운동을 미루고자 하는 핑계를 찾는 일은 쉽다.

운동 계획을 실행하지 못한 자신을 비난하는 일은 문제 해결에 아무런 도움이 되지 않는다. 오히려 문제에서 멀어지게 만든다. 자신을 비난한다는 이유로 자신을 비난하는 것과 같은 이중 비난은 상황을 더욱 악화시킬 뿐이다. 이중 비난은 상당히 성가신 소음이다. 차라리 마땅히 해야 할 일을 하도록 자신을 설득하는 편이 훨씬 나은 선택이다.

운동을 시작하고 지속하기 위한 프로그램을 개발하는 데 반드시 지켜야 할 조건이나 방법은 없다. 당신이 선택하는 방법들은 신체 조건이나 목적, 외부 환경에 따라 좌우되며, 무엇을 성취하고자 하는지에 따라 달라진다. 걷기, 조깅, 라켓볼, 단체 에어로빅, 웨이트 트레이닝, 수영 등 여러 운동 종목 중 자신에게 맞는 종목을 결정하는 일은 자유 의지에 달려 있다. 핵심은 자신의 건강과 미적 목표에 맞는 프로그램을 개발했다면 노력을 기울여야 한다는 것이다.

체중 감량에 매달리기

음식을 먹는 대신 가능한 한 많은 공기를 빨아들인다거나, 마음껏 먹도록 기생충을 구입하는 등 체중 감량을 위한 당치 않은 아이디어가 있다면 어디선가 누군가는 분명 시도할 것이다. 어리석음을 넘어 식이 요법으로 다이어트를 하는 소수의 사람들은 체중 감량을 위해 필사적이며 지방 흡입술, 이뇨제 복용, 단식과 같은 무리한 방법도 서슴없이 감행한다. 만약 다른 행성에 사는 외계인이 와서 그 모습을 목격한다면 정신 발작을 일으킬지도 모를 일이다.

좋은 의도라고 할지라도 일시적인 식이 요법에 매달리는 일은 위험도가 높은 행동이다. 식이 요법이 현명한 경우라고 해도 마찬가지다. 식습관의 긍정적인 변화 없이는 전과 똑같거나 혹은 체중이 증가된 상태로 되돌아갈 확률이 매우 높기 때문이다. 실제로 체중 감소를 위해 일시적인 식이 요법을 따른 사람들 중 약 70퍼센트는 식이 요법 후 1년 안에 감량한 만큼 또는 더 많이 체중이 늘어났다.

체중의 재순환, 즉 반복적으로 몸무게가 줄고 늘고 하는 것은 보편적인 현상이다. 보편적인 현상을 거스르면서까지 체중 감량에 매달리면 심리적 고통을 겪게 되며, 건강에도 적신호가 켜진다. 식이 요법에 투자한 비용만큼의 가치도 느끼기 힘들다.

오로지 체중 감량을 위해 식이 요법에 임하려고 한다면, 혹은 체중 감량의 통계를 자신이 깨뜨리고 싶다면, 선택할 만한 식이 요법 프로그램이 없을 것이다. 나는 체중 감량을 위한 상식적인 접근법을 설명하고, 체중 감량을 방해하는 미루고 싶은 충동을 다루는 방법에 관한 중요한 요소를 덧붙이고자 한다.

식이 요법이 필요 없는 다이어트

No-식이 요법(식이 요법이 필요 없는)은 선택이다. 우선 적합한 체중의 범위를 정한다. 과학적으로 권장되는 영양소 기준을 기초로 한 평생에 걸친 식이 요법 과정을 설정한다. 이것은 자신이 정한 수준에 맞는 체중을 유지하기 위해 충분한 칼로리를 섭취하는 기준이 된다.

지금은 80킬로그램이지만, 70킬로그램의 체중을 원한다고 가정하자. 70킬로그램의 체중을 유지하기 위해 필요한 칼로리를 계산한다. 이때 자신의 일주일 평균 칼로리 소모가 70킬로그램의 체중을 유지하기에 충분해야 함을 명심한다. 계획을 세워 시작하는 날이 곧 실행하는 날이 된다. 자신이 유지하기 원하는 체중 단계에서 몸이 원하는 에너지양과 칼로리 소모량이 일치할 때 안정 상태로 접어들 것이다.

No-식이 요법은 점차적으로 체중을 감량하는 데 목표를 두고 있다. No-식이 요법을 따르기로 결정했다면 자신의 환경이 바뀜에 따라 조정하도록 계획한다. 단, 계획은 No-식이 요법 접근법을 벗어나지 않는 범위 내에서 조정해야 한다. No-식이 요법 계획의 핵심은 음식을 먹을 때 더 이상 걱정할 필요가 없다는 것이다.

열량 계산하기

대략 3,600칼로리당 450그램 정도의 체중이 손실된다. 자신의 식습관에 변동이 없고 한 달 동안 운동을 통해 추가적으로 3,600칼로리를 소비한다면 한 달에 450그램의 체중을 줄일 것이다. 체중을 줄이기 위해 운동하는 시간의 양은 중요하다. 하루에 500칼로리(약 식빵 4조각의 칼로리)를 줄이는 게 처음에는 쉬워 보인다. 그러나 500칼로리에 맞먹는 운동(대략 수영 1시간, 걷기 1시간 45분)을 하기란 여간 힘든 게 아니다.

체중 공식이 칼로리 소비와 어떻게 작용하는지 살펴보자. 162센티미터 키에 보통 체격을 가진 몸무게 68킬로그램의 45세 여성이 있다. 여성은 적당히 운동을 하고 있고, 운동량은 또래 여성과 비교했을 때 뒤지지 않는다. 68킬로그램의 체중을 유지하기 위해서는 하루에 약 2,013칼로리가 필요하다. 56킬로그램의 체중이라면 약 1,939칼로리가 필요하다. 이것은 그리 큰 차이가 아니다. 식사와 운동에 약간의 변화를 주면 얼마든지 차이를 좁히게 된다. 물론 차이를 좁히기 위해 식이 요법과 운동을 병행하는 사람들에게는 다 아는 바와 같이 생각보다 훨씬 큰 도전이다.

인생은 하나의 큰 상수가 아니다. 근소한 차이를 어느 쪽으로든 이동시키는 수많은 변수가 있다. 56킬로그램의 체중을 유지하고 싶다면 1,939칼로리 이하로 맞추면 된다. 모든 조건이 동등하다면 49일마다 450그램씩 줄 것이다. 74칼로리를 줄인다는 게 말처럼 쉽지 않다는 것은 잘 알고 있다. 특히 다양한 식성을 갖고 있는 사람이라면 상당한 어려움이 따를 것이다.

No-식이 요법이 끌리지만, 시간이 오래 걸린다. 절충안이 있을까? 절충안은 다양하다. 한 가지 방법은 음식을 통해 하루에 200칼로리를 줄이는 것이다. 아침마다 버터를 바른 2조각의 빵을 먹는다면 2조각을 정규 식사에서 제함으로써 200칼로리를 줄인다. 일주일에 아이스크림을 세 번 먹는다면 아이스크림을 먹지 않음으로써 똑같은 효과를 본다.

No-식이 요법 대신 단계적 감량법을 택해도 된다. 잠정적 칼로리를 정한 다음, 그에 맞게 섭취를 줄인다. 예를 들어 6주 동안 하루에 400칼로리씩 줄이기로 결정했다면 8일마다 450그램씩 줄 것이다. 그러면 6주 동안 1,939칼로리의 수준에서 머무르게 되는 셈이다.

현실적인 목표를 설정하는 것은 체중을 감량하고, 감량된 체중을 유지하는 데 매우 중요하다. 자신이 충분히 감량할 목표를 세워 단계적으로 체중을 줄이고 6주 이상 감량된 체중을 유지한다면, 보다 높은 목표를 향해 나아가게 된다. 만일 5퍼센트의 체중 감량이라는 목표를 달성하고 계속해서 감량된 체중을 유지했다면, 감량된 체중에서 다시 5퍼센트를 감량하기로 계획을 세울 수 있을 것이다.

목표를 달성하는 과정에서 적절한 안정 상태(변동이 없는 상태)에 이를 때가 온다. 이상적인 체중이 아닐지도 모르지만, 실증적으로는 만족스러운 결과를 나타낸다. 지속적으로 음식을 조절하면 칼로리 소비는 에너지 요구량과 일치하게 되고, 이상적인 체중 주변을 맴돌다 마침내 자신이 바라던 체중으로 이동할 것이다.

변화를 위한 동기 부여

90세에 접어들면 일어나지도 않을 일을 걱정하느라 하루에 몇 갑의 담배를 피우고, 보드카를 마시며, 정크푸드(칼로리는 높으면서 건강에는 좋지 않은 인스턴트식품)를 먹는다는 통계 자료가 있다. 물론 결과가 사실과 다르다거나, 통계는 통계일 뿐이라고 강력히 저항할 수도 있다. 하지만 누가 확률에 반대하여 내기를 하고 싶겠는가?

때로는 자신에게 나쁜 식습관을 고치고 건강한 식습관을 가지도록 강력하게 지시할 필요가 있다. 건강한 식습관은 고혈압, 암, 당뇨, 비만으로 인한 합병증과 같이 건강에 치명적인 질환의 리스크를 낮춰 줄 뿐만 아니라, 삶의 질을 높여 준다.

시작하고 지속하기

당신은 건강한 식이 요법을 개발하고, 주 단위당 소모되는 평균 칼로리 수치를 계산해 원하는 체중의 범위로 들어가기로 계획을 세웠다. 단계적 감량법을 통해 체중 감량에 성공하고, 감량된 체중을 6주간 일정하게 유지했다. 여기에서 당신이 얻는 혜택은 무엇인가? 목표를 상향 조정하여 체중을 좀 더 감량해도 될 것이고, 부수적으로 건강이라는 보너스를 받을 것이다.

어떤 일을 도전하는 데 철저한 사전 계획은 강력한 동기가 되어 준다. 건강을 위해, 몸매를 다듬기 위해 체중을 감량하고 싶다면 계획부터 철저히 세워라. 음식을 좀 더 먹고 싶고, 간식을 먹고 싶고, 휴일 또는 혼자 있는 시간에 진탕 먹고 싶은 유혹을 무슨 수로 떨쳐 버릴 것인가? 체중 감량 중에 고비가 찾아올 때는 어떻게 이겨 낼 것인가? 계획을 마련하는 것이 도중하차하지 않도록 해 준다는 보장은 없을지라도 위기의 순간을 넘기는 데 분명 큰 도움이 된다. 앞으로 벌어질 상황에 대한 참고의 틀을 갖고 있는 것은 전략이 부족하기 때문에 대처하지 못한다고 생각하기보다 훨씬 낫다.

미루는 사고와 체중 감량

먹는다는 것은 스트레스를 해소하고, 유쾌하지 않은 것을 피하고 싶은 충동을 느낄 때 나타나는 행동의 전환이다. 행동의 전환이 일어나면 나중에 No-식이 요법을 통해 체중을 감량하면 된다며 먹고 싶은 충동을 정당화하고(그리 배고픔을 느끼지 않을 때조차도 먹는 것에 열중한다), 미각이 주는 기쁨의 순간에 무작정 머무른다. 하지만 어떤 체중 감량의 계획을 선택하든 원래의 체중으로 돌아가는 일은 험난한 도전이다.

다음은 먹고 싶은 충동을 야기하는 감언이설과 체중 감량을 유도하는 조건들이다. 체중 감량의 과정에서 도중하차하고 싶은 유혹에 사로잡힐 때 이 부분을 활용하면 도움이 될 것이다.

<u>감언이설에 주의하기</u> : 먹는 즐거움을 원할 때, 고통을 잊고 싶을 때, 소모적인 일회성은 별 문제가 없을 거라고 생각함으로써 스스로를 어리석게 만들 때 감언이설을 듣게 된다. 진실의 왜곡에서 오는 저항하기 어려운 쾌락은 스스로 맹세한 일들을 실행하지 못하도록 많은 사람을 유혹한다. 특히 "그동안 충분히 노력했으니까 오늘은 쉴 만하지"와 같은 내면의 목소리는 감량된 체중을 유지하기 위해 기울인 노력을 물거품으로 만들어 버린다.

감언이설은 근본적으로 무시될 수 없지만, 그렇다고 해서 무조건 복종해야 할 필요는 없다. 체중 감량의 과정에서 감언이설이 들릴 때는 중지, 활용, 심사숙고, 판단, 반응의 방법을 이용해 장기적인 최고의 관심사가 무엇인지 파악한다. 간식이 놓인 탁자에서 멀리 가 버린다거나, 물을 자주 마시는 것과 같은 실제적인 방법을 활용해도 된다. 압력을 주는 자극, 혹은 "내일이면 세상이 끝날지도 모르는데 먹고, 마시고, 즐겨라"와 같은 떠들썩한 감언이설은 감언이설을 조절해서 얻어지는 혜택을 따져 봄으로써 맞선다.

<u>먹고 싶은 충동에 사로잡히지 마라</u> : 파티에 가니 맛있는 음식이 널려 있다. 배가 고프지는 않지만, 먹고 싶은 충동을

느낀다. 치즈 크래커, 새우튀김, 식욕을 돋우는 컵케이크를 보니 참기가 무척 어렵다. 세이렌(Seiren: 아름다운 목소리로 뱃사람을 유혹하는 바다의 요정-역주)처럼 음식들은 유혹의 손길을 보낸다. 결국 이렇게 많이 먹는 것은 이번이 마지막이라고 자신과 약속한다. 미루는 사고가 보기 좋게 홈런을 날리는 순간이다. 스스로 저항할 때까지 더 많이 반복하게 될 것이기 때문이다.

먹고 싶은 충동이 들면 대비책으로 작은 카드를 만들어 본다. '미루는 사고는 충분히 예상 가능하며, 일생에 걸친 No-식이 요법은 앞으로도 계속해서 존중받을 것이다'라고 카드에 적는다.

<u>유혹에 빠지지 않도록 주의하라</u> : 식품 코너에서 사야 할 품목들을 살펴보는데, 친근한 포테이토칩 봉지가 눈에 띈다. 게다가 세일이다. 세일을 마다할 이유가 없다. 포테이토칩은 손님 접대에 안성맞춤이라고 생각하며 장바구니에 넣는다. 좋은 주인이 되는 법이란 그런 것이 아니겠는가?

이내 포테이토칩에 대항하는 아폴로와 디오니소스 간의 투쟁 속에 있는 자신을 발견한다. 포테이토칩을 먹을까 말까 망설인다. 아폴로는 먹지 말라 하고, 디오니소스는 먹으라고 한다. 당신이 아는 그다음 일은 자신과 협상하는 것이다. 포테이토칩을 딱 하나만 먹기로 결심한다. 투쟁은 끝날 것이다(물론 봉지를 쓰레기통에 버리는 것으로 투쟁을 끝내기도 한다). 봉지를 뜯고 하나를 먹는다. 포테이토칩이 작아서 하나 더 먹어도 될 것 같다. 몇 분 후

한 손 가득 포테이토칩을 집어 들고 있다. 일단 봉지가 비워지면 더 이상 먹을 것도 없다고 말하며 자신을 달랜다. 이제 두 번 다시 포테이토칩을 사지 않겠다고 다짐한다. 비로소 투쟁은 끝이 난다.

이럴 때 당신이 할 일은 천천히 상황을 되짚어 보는 것이다. 봉지를 뜯는 행동은 감언이설에 의해 이루어지는 예측 가능한 선택이다. 최선의 선택은 포테이토칩을 사지 않는 것이다. 나아가 올바른 행동은 유혹에 빠뜨리게 하는 과자를 아예 눈앞에서 치워 버리는 것이다.

포테이토칩을 먹고 싶다면 헬스클럽에 가서 먼저 그만큼에 해당하는 칼로리를 운동으로 없애 버려라. 운동으로 칼로리를 소모해야 한다면 먹고 싶은 생각은 금방 잊힐 것이다.

타성에 젖어 들지 마라 : 살기 위해 먹어야 한다는 생각은 많이 먹도록 부추긴다. 그래도 별 문제 없을 것이라고 스스로를 설득한다면 더욱 그렇다. 먹어도 아무 문제가 없기를 바라는 희망은 때때로 상대적인 침묵 후에 찾아오는 반사 작용이다. 자신은 인내에 대한 보상을 받을 만하다고 간주하는 것이다. 그러나 자신이 원하는 체중을 몇 달간, 또는 몇 년간 유지했다고 해서 '통과'라는 자유권이 주어지는 것이 아니다. 체중에 관한 수학적 공식은 급격하게 변하지 않는다. 450그램을 늘리기 위해 여전히 3,600칼로리가 필요하고, 칼로리를 소모하기 위해서는 6시간 동안의 격렬한 운동을 해야 한다.

<u>신화에 빠져들지 마라</u> : 먹는다는 것은 즐거운 일이며, 제어는 자유로워지기 위해 하는 행동이다. 즉, 우리는 먹는 것과 앞으로 소비하게 될 양을 제한함으로써 과도한 쾌락을 피하고, No-식이 요법을 통해 맛있는 음식을 먹는다. No-식이 요법은 정상적인 식사의 형태로 적절한 체중을 유지하게 도와준다.

No-식이 요법은 음식 결핍이라는 감언이설은 날조된 신화에 불과하다. 결론은 이렇다. 체중 유지와 관련하여 자신을 <u>스스로 정한 영역</u>에 머무르게 할 수 있다. 제어는 과체중에서 발생할 위험과 부담을 줄여 줌으로써 자유라는 기회를 준다.

스트레스의 조절

대부분의 사람은 스트레스를 걱정, 갈등, 고뇌, 혼란, 우울, 유쾌하지 않은 일에 대한 도전, 지루한 일상, 미뤄 둔 과제의 준비 등과 같은 부정적인 조건들과 연관 지어 생각한다. 뿐만 아니라 스스로 끌어들인 조건을 넘어서 천재지변, 친한 친구의 배신, 실직 등과 같은 자신의 의도와 상관없이 일어난 사건으로 인해 극심한 스트레스를 받는다.

스트레스는 추진력을 강화시켜 준다는 점에서 긍정적이고 생산적인 영향을 끼친다. 나는 이런 생산적인productive 스트레스를 'p-스트레스'라고 칭한다. 문제를 해결하기 위해 시간과 노력을 투자할 때나, 흥미로운 영역으로 진출할 때 p-스트레스를 경험한다.

지속되는 근심, 의기소침, 적개심은 부정적인 스트레스인 'd-스트레스'로, 매우 극적이다. 예를 들면 만성적으로 분노를 느끼는 사람들은 별것 아닌 일에도 분노를 느낀다. 공황 장애를 갖고 있는 사람들은 심장 박동의 증가, 호흡 곤란, 근육 긴장, 발한이 공황적인 사고에 둘러싸인 육체적 반응이라는 사실이 밝혀질 때까지 반복해서 응급실을 찾아간다. d-스트레스는 경계심을 품고 억압된 삶을 사는 사람들에게서 흔히 보인다.

p-스트레스, d-스트레스는 상이한 연속체상에 존재하지만, 연속체는 교차된다. p-스트레스를 가진 사람들은 자신이 가진 자원을 동원하여 문제를 해결하고자 노력한다. d-스트레스를 가진 사람들은 부정적인 요소에 치중하여 무슨 일이든 미루려는 경향이 강하다. 문제 해결 지향적인 사람들도 미루고 싶은 충동에 휩싸이고, d-스트레스적인 사람들도 어려운 도전에 맞서서 부단한 노력을 쏟는다. 이런 면에서 두 가지 관점은 정도 차이가 있을 뿐 중복된다.

변화를 위한 동기 부여

d-스트레스를 피하고 싶다면 주어진 모든 일에 책임을 가지고 임하면 된다. 그러면 부정적인 기분 때문에 공황 상태에 빠지는 일이 적을 것이며, 자신의 에너지를 외부로 내놓는 데 주저함이 없을 것이다. 뿐만 아니라 자신의 강점이나 능력을 잃게 하는 고통스러운 걱정이나 가슴 아픈 생각들에 덜 빠져든다.

시작하고 지속하기

당신은 무엇을 하더라도 효과가 없을 거라는 증명되지 않은 가정 때문에 행동을 미루고 있지는 않은가? 마치 캐치-22처럼 말이다. 캐치-22의 미루는 습관은 활성화된 스트레스이지만, 다음과 같은 취약성을 가지고 있다.

- 캐치-22의 부정적인 상황에 사로잡히면 다른 시각으로 보는 일이 어려워진다. 그러나 인생은 정지되어 있는 것이 아니며, 사고 역시 그렇다. 정지된 캐치-22의 사고를 유동적인 사고와 비교해 보라. 예를 들면 캐치-22가 적용되지 않았던 때를 생각해 본다. 비교는 d-스트레스에 대처할 다양한 방법을 찾아보도록 관점을 넓혀 주는 역할을 한다.
- d-스트레스적 사고를 재고하면 앞 장에서 소개한 엘리스의 ABCDE 접근법을 따르기가 보다 수월할 것이다. ABCDE 접근법을 활용하여 비합리적인 믿음을 가려내고, '지금 당장 시행하라'의 방식으로 사고해 본다.
- 정신적 정글(혼란)이라는 개념은 d-스트레스의 부정적인 특성과 싸울 때 당신이 당면하고 있는 문제를 규명하도록 도와준다. 정신적 정글 안에는 절망적 사고로 공기를 혼탁하게 하는 동물들이 살고 있다. 원숭이는 당신이 실수하기만을 기다리고 있고, 날카로운 소리를 내며 우는 새는 미루는 습관을 극복하기 위한 궁극적인 해결책이란 없기 때문에 당

신이 할 만한 일도 없다고 말한다. 뱀은 확대경을 건네주어 문제를 확대 해석하게 만들고, 거미는 망원경을 건네주어 그릇된 초점으로 많은 것을 축소하여 들여다보게 한다. 각각의 동물은 d-스트레스 사고에 빠져 있는 자신의 모습이다. 이렇듯 스트레스에 시달리고 있는 자신을 발견하면 일단 멈추고, 정신적 혼란 상태임을 인식한다.

PURRRR을 이용한 d-스트레스의 제거

d-스트레스에 의해 발생한 미루는 습관을 정지시키기 위해 PURRRR을 ABCDE 접근법과 결합한다.

PURRRR 과정

d-스트레스로 인해 미루는 상황 : ....

중지 (Pause)	활용 (Utilize)	심사숙고 (Reflect)	판단 (Reason)	반응 (Respond)	수정 (Revise)
생각하기 위해 멈춤	전환을 피하기 위해 자원을 활용함	사건의 활성화	부정적 사고와 논쟁함	'지금 당장 시행하라'를 시험하고 행동으로 옮김	새로운 효과를 조사한 후 피드백을 바탕으로 조정함
		신념			
		결과			

스트레스로 가득 찬 견해를 '지금 당장 시행하라'의 접근법으로 전환함으로써 당신은 세 가지 이익을 얻는다. 첫째, 비판적 사고 기술이 강화된다. 둘째, 불필요한 스트레스를 받는 일이 줄어든다. 셋째, 미루고 싶은 충동을 제어한다.

미루는 습관에서
벗어나기 위한 **Tip**

모든 과정은 잘 짜인 각본대로 진행된다

운동하고, 자신에게 맞는 체중을 유지하고, 불필요한 스트레스를 줄이기 위한 가장 기본적인 해결책은 지속적인 노력을 기울이는 것이다. 미루는 습관에 도전하는 대부분의 다른 상황과 마찬가지로 노력은 미루지 않는 기법을 여러 번 반복하는 것을 포함하며, 원래 상태로 돌아가는 것도 각본의 일부이다. 부정적인 습관과 맞서 싸워서 얻은 성과를 유지하고 싶다면 각본을 철저히 꾸미는 일부터 시작하라.

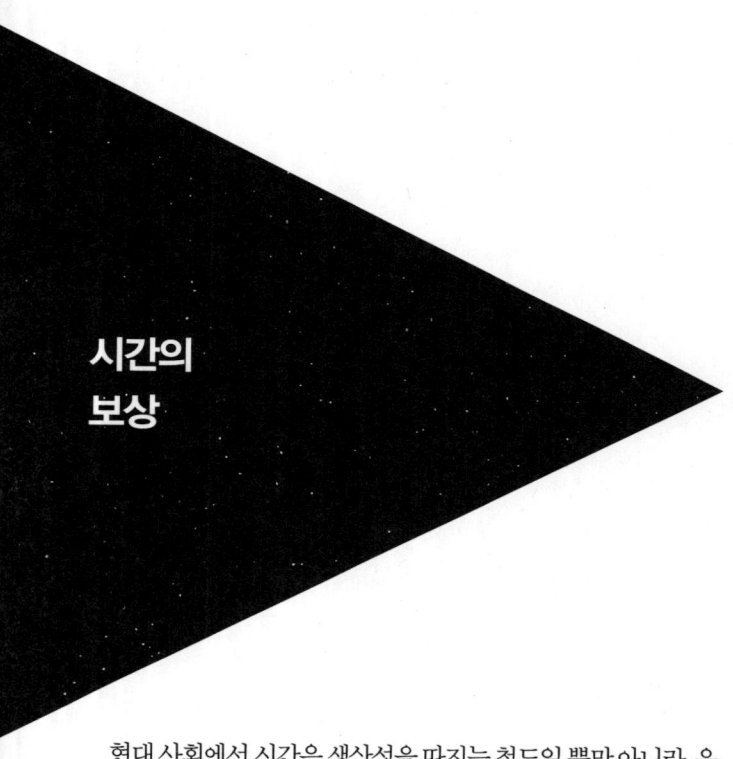

시간의
보상

현대 사회에서 시간은 생산성을 따지는 척도일 뿐만 아니라, 우리의 생활을 제어하는 수단이다. 업무 시간, 점심시간, 잠자리에 들 시간, 휴식 시간 등 책임과 사회적 의무를 완수하기 위해 마감 기한을 정해 두고 한정하고 있다.

우리는 마감 기한에 맞춰 일정을 계획하고, 예측 가능한 기회를 활용한다. 일례로 자신이 좋아하는 TV 프로그램 방송 시간이나 퇴근 시간, 동네 식품점에서 물건을 살 수 있는 시간을 알면 보다 효율적으로 일을 진행해 나가게 된다.

사람은 공간의 영역에 있는 시간 속에서 살고 있다고 해도 과언이 아니다. 시간 속에서 자신의 능력을 펼치고, 자신을 깊이 이해하며, 무엇이 중요한지 배운다. 이론적으로 시간을 무한대와 연관시킨다는 점에서 시간은 영원하다고 말할지도 모른다. 하지만 실제 생활에서는 그렇지 않다. 한정된 시간을 어떻게 활용하는가의 문제는 삶을 관통하는 중요한 화두이다.

시간 관리 기법

미루는 습관의 예는 매우 다양하다. 그러나 개인의 문제와 관련짓지 않는다면 미루는 내용이나 예시들은 종이 위에 적힌 의미 없는 단어들이나 마찬가지다. 당신은 자신에게 중요한 행동이 무엇이었는지 검토함으로써 얼마나 많은 혜택을 얻었는가? 원했던 만큼 이루었는가? 소중한 인간관계를 형성했는가? 일에 방해를 받는 것을 느꼈지만 계속 진행했을 때 자긍심을 얻었는가? 적극적인 질문을 통해 성취감에 덧붙여질 많은 요소들을 발견할 것이다.

결단력 있는 행동을 통해 얻은 성과는 나태함에서 비롯된 손실과는 확연히 대조된다. 불편함을 회피하고자 유발된 미루는 습관은 후회의 흔적, 기회의 상실, 어긋난 약속, 시간을 놓쳐 버린 때와 같이 불행한 결과를 남긴다.

미루는 습관으로 인한 기회의 상실은 끊임없이 일어난다. 사랑하는 사람에게 고백하는 것을 미뤄 결국 그 사람이 다른 상대와 저녁노을 속에서 산책하는 모습을 바라볼 수밖에 없었던 경험이 있는가? 펼쳐 보지도 않은 잡지들 틈에 구겨진 대학 지원서가 들어 있는 것은 아닌가? 사방에 흩어져 있는 미완성 상태의 과제를 보며 욕구 불만을 느낀 적이 있는가? 이전에는 쉽게 하던 영역으로까지 미루는 습관이 번져 당황스럽지는 않은가? 그렇다면 미루는 습관으로부터 얻은 자유가 현재와 미래에서 의미하는 바는 무엇인가? 그 결과들은 시간을 활용하고, 노력하고, 리스크를 감수하고, 미루는 사고를 극복하기 위한 행동을 하기에 충분히 바람직한가?

  적절한 시간 관리는 시간과 노력을 체계화하는 데 도움이 된다. 단, 미루는 습관의 과정이 완벽주의, 불안, 의기소침 등과 같은 개인의 문제에 의해 복잡하게 얽혀 있다면 시간 관리만으로는 미루는 습관을 줄이기에 불충분하다. 시간 관리는 삶의 주요한 스트레스들에 대처하기 위한 도구가 되지 않기 때문이다. 그러나 당신은 완벽주의를 극복하기를 원하는 사람들의 모임에 참여할 일정을 잡을 수 있다. 당신이 고의적으로 일정을 미룬다면 고쳐질 문제에 대처하기를 미루는 것이다.

  일반적으로 시간 관리 절차를 활용할 때 시간에 대한 외부적 조정을 주장하는 행동을 하게 된다. 예를 들면 업무를 보는 데 다양한 방해에 부딪힌다면 방해받지 않기 위해 하루에 한두 시간 정도 사무실에 틀어박힐 수 있다. 이럴 때 해결책은 당신의 우선적인 일에 노력을 기울이도록 혜택을 주는 것이다. 자유 시간은 다른 방식으로 얼마든지 써먹어도 된다.

시간 관리는 시간을 보다 잘 활용하도록 해 주는 실용적인 기법이다. 여기에는 합리적인 일정을 만들어 불필요한 시간 잠식을 피하고, 긍정적인 행동에 대해 스스로 보람을 느끼는 것을 포함한다. 다음은 원하는 바를 이루고 시간을 절약할 때 이용하는 정보들이다. 미루는 습관을 극복하는 데도 유용한 정보들이니, 잘 살펴보기 바란다.

- 높은 순위에 있는 일을 먼저 실행한다.
- 우선순위와 진전 사항을 지속적으로 검토한다.
- 단계를 높일 기회가 주어지면 바로 적용한다.
- 새로운 일이 투입되면 우선순위를 토대로 바로 시작한다. 최소한 한 단계라도 시작하고 나면 남은 일을 하는 것은 더더욱 쉬워진다.
- 예기치 못한 장애물이 나타나면 만약을 대비해 남겨 둔 시간을 이용하여 제거한다.
- 자주 발생하는 일들은 시간대를 정해서 처리한다. 식품점에서 야채를 구입하는 일은 퇴근 후 상점이 붐빌 때보다 사람이 거의 없는 아침 시간대를 이용하면 시간 절약이 된다.
- 변동 사항이 많은 일은 일정표, 색상별 폴더(빨간색은 최우선

순위, 노란색은 그다음 순위)와 같이 체계적인 조직화에 필요한 장치를 활용한다.
- 과도한 일정을 잡지 않는다. 미루고 싶을 만한 일이 없다고 해도 주어진 시간보다 더 많이 일해야 한다면 끝내지 못할 위험이 있다.
- 규칙적으로 사용하는 물건은 손이 쉽게 닿는 곳에 보관한다. 열쇠를 엉뚱한 곳에 두는 습관이 있다면, 장소를 정하고 앞으로는 그곳에 열쇠를 두는 습관을 들인다.
- 잠자리에 들기 전에 다음 날 사용할 것(파일, 자료, 복장, 전화번호, 일정 등 전날 밤에 준비할 필요가 있는 모든 것)들을 머릿속으로 생각해 본다. 잘못될 여지가 있는 일은 어김없이 잘못된다는 머피의 법칙에 맞서는 여유를 가져다준다.
- 스팸 메일이나 광고물들은 무시해 버린다.
- 정기적으로 오래된 옷가지나 잘 사용하지 않는 낡은 물건들을 정리한다.
- 버스나 비행기, 기차 여행 시 자신의 일에 도움이 될 만한 읽을 거리를 가져간다.
- 일상적인 서류들은 서류철을 만들어서 따로 관리한다.
- 투자한 시간에 비해 돌아오는 것이 비교적 적은 소모적인 일들은 크게 신경 쓰지 않는다. 만약 급하게 처리해야 하는 일 때문에 압박을 받고 있은데 집 안 청소를 해야 한다면, 다른 식구에게 맡기거나 용역 회사에 도움을 요청한다.

- 분석하기 위한 자료를 읽으면서 완벽주의자의 덫에 빠져들지 않는다. 자료의 요점을 찾아내는 데 집중하고, 나중에 기억해야 할 상세한 내용에는 강조 표시를 해 둔다.
- 집에서나 직장에서나 쾌적하게 일할 환경을 조성한다. 즐거운 추억거리, 생산적인 결과가 연상되는 비품들을 주변에 비치한다.
- 기억을 회상시키는 시스템을 이용한다. 이루어야 할 중요한 일이 생각났지만, 원칙적으로 할 수 없다면 자신에게 메모를 쓴다. 메모를 매일 읽고, 마침내 할 만한 때가 오면 당장 시행하도록 계획을 세운다.
- 작은 것부터 실행한다. 리포트 쓰기, 경력 향상, 자기 효능감의 구축과 같은 프로젝트에서 유용한 방법이다. 마치 사다리의 계단을 오르는 것과 같다. 가장 복잡한 과제도 단순한 시작 단계가 있기 마련이다. 일을 처리할 만한 크기로 나눈 다음, 진전이 있을 것이라는 합리적인 기대를 가지고 각 단계에 부딪힌다.
- 과정의 목표를 설정한다. 어떤 일을 완성하기 위해 무엇을 해야 하는지 판단한다.
- 계획표를 만들어 우선순위에 따라 나열하고, 일을 끝낼 때마다 목록에서 하나씩 지운다. 목록이 줄어드는 모습을 보면 분명 보람을 느낄 것이다.
- 동시에 발생하는 과제는 바로바로 해치운다.

- 생각날 때 실천한다. 기억력은 떨어지기 마련이다. 지금 해야 할 중요한 일이 생각났을 때는 당장 실행한다. 나중에 기억해 내기 위해 애쓰지 않아도 될 것이다.

**미루는 습관에서
벗어나기 위한 Tip**

시간이 모든 것을 말해 준다

'병든 가지는 잘라 내더라도 뿌리는 건드리지 마라'는 옛말이 있다. 미루는 습관의 과정을 공격하는 것은 영양분을 차단하기 위해 뿌리를 잘라 내는 것과 같다. 그러나 가지이든 뿌리이든, 또는 양쪽 모두이든 간에 진보는 시간과 자아 규제에서 나온 자원으로부터 자신의 능력을 얼마나 효과적으로 발휘했느냐에 따라 다르게 나타난다. 시간 관리를 통해 자신의 능률과 효율성을 향상시킨다는 점을 알게 된다면 놀랄 만큼 진보를 이루게 될 것이다.

다른 사람이 미루는 동안 앞서가기

미루는 문제에 맞서기를 미룬다는 것이 미루는 습관에 젖어 있는 사람들이 가지고 있는 공통적인 문제이다. 진지하게 미루는 흔적을 없애 버리고 자신의 인생에 적극적으로 참여하고 싶다면 방법은 간단하다. 적절한 시간 내에 적합한 방법으로 마땅한 일을 완성한다는 도전에 맞선다. 물론 이미 알고 있듯이 간단하다고 해서 쉬운 것은 아니다.

이 책은 일종의 모순 어법(뜻이 대립되는 어구를 나열함으로써 새로운 뜻이나 효과를 노리는 수사법-역주)으로 이루어져 있다. 여기서의 개념(아이디어)은 말의 표현이 아닌 선택의 비교에 관한 것이다. 이 책은 개인의 변화를 위한 강력한 내부의 힘을 형성하도록 아이디어와 관례적인 방법을 알려 주며, '지금 당장 시행하라'를 선택하도록 도와준다.

 이번 장에서는 체계화된 접근법을 이용해 미루는 요소를 살펴보고, 우화적 신화를 통해 해결책을 찾아보고자 한다. 우화적 신화를 학문적 내용과 결합시키면 보다 쉽게 이해할 것이다. 신화는 희미한 환상일지라도 우리가 옳다고 느끼는 인생의 교훈을 담고 있다. 나는 사람들이 세 시간짜리 화학 강의보다 단 한 번 들은 신화를 기억할 것이라고 장담한다.

'독수리'와 '시간 방랑자'에 관한 신화

그리 오래되지는 않은 옛날에 우주 저 멀리 가장 끝쪽 지평선을 넘어 두 명의 여행자가 지구를 찾아왔다. 첫 번째 여행자는 독수리처럼 생겨 '독수리'라고 불리었고, 두 번째 여행자는 '시간 방랑자'라고 불리었다.

 시간 방랑자는 고양이, 나비 등 자신이 원하는 모습으로 변하며, 바람결 또는 구름처럼 조용히 움직이는 능력을 가지고 있었다. 독수리는 공중에 높이 떠올라 세상에 무슨 일이 일어났는지, 또는 무슨 일이 일어날지 등 모든 현상을 내려다보는 능력이 있었다.

시간 방랑자는 과거로도 여행할 수 있어 현재는 물론 지난 역사에 대해 잘 알고 있었다. 독수리가 형태가 있는 것만 내다보는 반면, 시간 방랑자는 남자와 여자의 마음속까지 훤히 꿰뚫어 보았다. 한마디로 두 여행자는 인간을 이해하기 위해 필요한 모든 것인 과거, 현재, 미래를 아는 능력이 있었다.

독수리와 시간 방랑자는 광대한 평원에 우뚝 솟아 있는 높은 산으로 올라갔다. 독수리는 높이 날아 땅을 내려다보았다. 그 순간 정말 흥미로운 광경이 목격되었다. 산 밑자락에서 바위산으로 이어지는 길이 정확히 다섯 갈래로 나뉘어 있었다.

몇몇 사람들은 아무도 가지 않은 길을 따라 산을 오르고 있었고, 몇몇 사람들은 좁고 꼬불꼬불한 오솔길을 따라갔다. 독수리는 다섯 갈래의 길 중에서도 산기슭에 난 세 갈래 길 위에 인간들이 무리 지어 있는 것을 보고 놀라움을 금치 못했다.

독수리는 땅 밑으로 가까이 내려가는 일이 정말 싫었기 때문에 시간 방랑자에게 자신이 본 다섯 갈래의 길과 인간이라는 희한한 생물에 대해 알아봐 달라고 부탁했다. 독수리의 부탁은 시간 방랑자의 흥미를 유발시켰다. 호기심에 가득 찬 눈빛으로 시간 방랑자는 길 위의 사람들 틈에 끼었다. 너무 완벽하게 섞여 아무도 낯선 사람이라는 사실을 깨닫지 못했다.

인간의 다섯 가지 행로

시간 방랑자는 길을 따라 걸으며 사람들에게 말을 걸었다. 각각의 길을 걷는 사람들은 다른 길을 걷는 사람들과 외모와 목적이 구별되는 그들만의 특색을 갖고 있었다. 시간 방랑자는 자신이 볼 수 있는 모든 것을 다 본 뒤 독수리가 앉아 있는 나무로 가서 이야기하기 시작했다.

"모든 길이 다 흥미로워. 사람들은 줄곧 그곳에 있었던 것 같아. 내가 느낀 대로 사람들에게 '울타리 안에 사는 사람', '막다른 길을 택하는 사람', '불행한 사람', '독재자', '탐험가'라는 이름을 붙였어."

독수리는 잠시 뭔가를 생각하더니 말을 이었다.

"본 것을 자세히 말해 줘. 자네가 발견한 것을 더 많이 알고 싶어."

울타리 안에 사는 사람

시간 방랑자는 먼저 울타리 길을 따라갔던 사람들에 대해 이야기했다.

"난 사람들이 가장 붐비는, 울타리가 많은 길을 발견했어. 그 길에는 모두 특정한 진로가 있었지. 인생의 무기력한 길이자 일상적인 길이었어. 울타리가 많은 길을 따르는 사람들은 인생의 길을 거의 바꾸려고 하지 않아. 어떤 사람들은 자신의 꿈과 현실을 비교하며 어리석은 두려움에 빠져들고, 자신들을 억누른다고 생각되는 경직된 규칙에 얽매여 살면서 심하게 고통받지. 인간의 대부분이 이 길을 따르고 있어.

 울타리 안에 사는 모든 사람이 다 똑같지는 않아. 일상 속에서 기쁨을 발견하는 사람들도 있지. 그들은 현실에 만족하는 사람들이라고 할까? 그들의 비밀은 자신이 하는 일에 자부심이 대단하다는 거야. 쓰레기를 수거하는 사람이 있었는데, 다른 사람들에게 쓰레기 취급을 받는데도 불구하고 쓰레기의 변화를 통해 사람들의 변화를 발견해. 어떤 사람들은 자녀를 잘 보살피고, 이웃의 행복을 위해 따스한 관심을 보여 주더군.

 이 길에는 다른 면도 있어. 길을 따라 수로가 있는데, 울타리 안에 사는 수많은 사람이 끝없는 단조로움의 악순환에 사로잡혀 있는 자신을 수로에서 발견하지. 대부분의 사람은 일상이 지루하다고 생각만 해. 그들의 태도는 일종의 포기라고 할 수 있어. 하지만 극소수의 사람은 지루한 일상을 변화시키기 위해 열정을 보여 주었어.

 사람들은 아무 생각 없이 정체된 일상을 따라가고, 오솔길에 부는 바람에도 흔들리지 않아. 일상에 대해 개미와 같은 헌신을 보여 주는 그들은 매일 아침잠에서 깨어 일터에 나가고, 하루 종일 일을 해. 다람쥐 쳇바퀴 돌듯 돌아가는 일상은 지친 몸을 이끌고 집에 돌아오기도 전에 그들의 마음을 마비시켜 버리지. 그들의 일생은 매일매일 지루한 규칙으로 이어지는 거야.

 울타리 안에 사는 사람의 또 다른 무리는 생활을 자극할 해법을 찾기 위해 노력하지. 그들은 자신의 부와 명예를 위해 갖은 애를 쓰고, 피상적인 것만 신경 쓰면서 일생을 보내. 품격 있는 소유가 지루한 생활을 걷어 갈 것이라 희망하지만, 이국적인 집이나 승용차를 갖고 있어도 지루한 현실 위에 놓인 권태감을 피하기란 여간 힘든 게 아니야.

어떤 사람들은 도전에 맞서는 것을 피하고자 수동적인 즐거움을 찾는데, 앞으로 다가올 더 나은 시간을 꿈꾸며 다른 사람들의 삶을 관찰하지. 손가락 사이로 빠져나가는 모래처럼 자신의 삶이 새어 나가고 있음을 느끼면서."

잠시 침묵이 흐른 뒤 독수리가 말했다.

"과연 울타리 안에 사는 사람들이 스스로 희망을 발견할까?"

신성한 예견력을 가진 독수리는 하늘로 날아올라 미래를 보았다. 그러고는 다시 돌아와 말을 이었다.

"대부분의 인간이 울타리 길에 머물러 있는 것을 보았어. 단지 몇 명만이 리스크나 융통성이라고 표시된 보다 충만한 삶을 경험할 길을 찾기 위해 떠나지."

시간 방랑자가 말했다.

"맞아. 인간의 과거도 언제나 그런 식이었어."

독수리가 말했다.

"이제 매우 확실한 미래가 보여. 오늘 우리가 본 길은 자네가 말하는 인간의 과거 모습일 거야. 얼굴이 변하고 세상이 변해도 그 길은 그대로 남아 있지. 언제나 울타리 안에 사는 사람들은 있기 마련일 거야."

막다른 길을 택하는 사람

시간 방랑자는 나무에 기대 한쪽 다리로 서 있는 독수리를 바라보았다. 그러기를 얼마쯤 지나 시간 방랑자는 다시 이야기하기 시작했다.

"두 번째 길은 여러 가지 갈래로 나누어져 있었어. 대부분의 길은 막다른 길이었지. 하지만 사람들은 자신이 누구인지를 찾기 위해 이 길을 걷고 있었어. 무엇인가를 깨닫기 위해 노력하는 중이라고 할까. 막다른 길을 택하는 사람들은 공통적으로 어떤 특성을 갖고 있었어. 불행하고, 혼란스럽고, 어딘가에 갇혀 있다는 느낌에 사로잡혔다는 거야. 울타리 안에 사는 사람들과는 다르게 이 부류의 사람들은 변화, 깨우침, 의미에 대한 느낌을 원했지. 자신의 삶에 의미를 주는 종합적인 계획을 찾고 있었어. 어떤 사람들은 조화를 이루는 방법이나, 해탈을 경험하는 방법, 또는 우주와 합체하는 우주적 경험을 하는 방법에 대해 궁금해했지."

반짝이는 눈으로 시간 방랑자가 이야기를 이어 갔다.

"이 길에서 나는 미래를 예언하는 영적인 능력을 나누어 주겠다고 약속하는 사람들을 만났어. 물론 대가가 있었지."

독수리는 참을 수가 없었다.

"영적인 힘이라고? 나만이 미래를 볼 능력이 있어. 거짓 예언자들이 말하는 미래는 우연이 아니고서는 일어나지 않아. 거짓 예언자들은 미래에서도 볼 수 있지."

시간 방랑자는 독수리의 깃털이 거짓 예언에 화나 곤두세워진 것을 보고 킥킥거리고는 계속해서 말을 이었다.

"막다른 길을 택하는 사람들이 따를 만한 다른 측면의 길이 엿었어. 어떤 사람들은 영적 상승을 느끼기 위해 마음을 전환시켜 주는 약이나 술에 관심을 가졌지만, 결코 그들이 원하는 곳으로 가지 못했지. 어떤 사람들은 미래의 비밀이 과거에 달려 있다고 믿으면서 정신과 의사에게 진찰을 받기도 했어.

막다른 길로 가는 사람들의 길은 흥미진진했어. 어떤 사람들은 존재의 공허함을 깨달은 뒤 자신의 정신적 지도자가 되어 인생의 가치를 발견하고, 이 길의 의미를 찾더군."

시간 방랑자는 말을 끊고 생각에 잠기더니, 이내 독수리에게 말했다.

"막다른 길을 택하는 사람의 길에서 다른 길들로 연결되는 전환점을 발견할 수 있어. 울타리 길로 건너가는 사람이 대부분을 차지하지만, 어떤 사람들은 더 나은 길을 발견하지."

불행한 사람

시간 방랑자는 계속해서 말을 이어 갔다.

"불행한 사람들의 길은 황폐화되고 있었어. 그곳에서 편리함과 성공에 대한 스스로의 요구 때문에 스트레스를 받는 사람들을 보았지. 어떤 이들은 노력도 하지 않고 자신이 원하는 바를 받아 내기 위해 버티고 있고, 어떤 이들은 리스크가 없는 성과를 적극적으로 요구하더군.

이 길의 여행자들은 자신이 가질 만한 것은 모두 손에 넣고 싶어 했지. 그들은 인생의 선물이 자기 앞에 놓이기를 원했어. 너무나 많은 시간을 요구하는 데 쓰다 보니, 스스로 가질 것보다 덜 가짐으로써 자신을 속이고 있다는 사실을 알지 못했지. 또한 자신이 가져야 한다고 생각한 것을 얻지 못하면 분노를 느끼고, 누군가가 자기에게 무엇을 주어야 한다는 착각에 빠져 있었지. 그 결과 끝없는 욕구 불만으로 고통받고 있어.

　불행한 사람은 자신에게 부족하다고 생각되는 것을 서슴없이 말해. 부당하다고 불평하고, 문젯거리에 자신이 원인 제공을 했다는 사실을 인정하는 일이 없으며, 자신의 욕구 불만에 대해 언제나 남의 탓을 하지. 자신의 인식을 현실에 맞추기 위해 변화하는 대신 불행한 사람들은 사기, 강요, 불평, 심술을 통해 기대하는 것을 얻으려고 심하게 투쟁하고 있어.

　불행한 사람들은 생산적인 삶을 살 기회를 갖지만, 변화를 위한 단계를 거의 택하지 않아. 물론 자신의 삶을 위해 책임을 져야 한다는 것을 배우게 되면 나아질 수도 있지."

　예리한 통찰력을 가진 독수리가 말했다.

　"나는 불행한 사람들의 길을 경계 짓는 미래를 명확하게 볼 수 있어. 자신에 대한 기준은 점차 낮아지고, 기준이 낮아지면서 더 비참해지지. 스스로에게 덜 기대하려고 하는 사람들은 자신에 대해 덜 생각하게 되고, 결국 다른 사람들에게 점점 더 요구해. 변하지 않는다면 그들의 미래는 황량해질 뿐이야."

독재자

 좁고 구불구불한 길에 이르자 날카롭게 코를 찌르는 냄새가 났다. 그 길은 싸늘했고, 들쑥날쑥한 돌들로 다듬어져 있었다. 시간 방랑자는 길 속에 숨어 있는 역사를 보고 고통스럽기까지 했다. 하지만 호기심이 발동하여 다른 길보다 오래 그곳에 머물렀다. 무거운 마음으로 시간 방랑자는 독수리에게 자신이 본 슬픈 사연에 대해 말해 주었다.

 "내가 본 사람은 으스스한 느낌을 주는 인상에, 권위적인 느낌을 주기 위해선지 독특한 옷을 입고 있었어. 냉담한 미소로 굳어진 얼굴은 친절함, 다정함, 진심을 표현하려 애쓰는 것 같았지만, 분위기는 정반대였지. 마치 고대 전제 군주의 길을 걷고 있는 사람처럼 보였어.

 이 길에서는 대다수의 인간과는 다른 심리적 특성을 가진 사람들을 많이 보았어. 그들이 만일 자네를 건드린다면 자네의 영혼에 소름이 끼칠지도 모르겠군."

 시간 방랑자는 과거와 현재의 독재자들의 연관성을 보았다.

 "시간과 장소와는 상관없이 독재자들은 똑같았어. 어느 곳이든 그들이 접하는 사람들의 기쁨, 즐거움, 안전은 사라져 버리지."

 숙련된 심리학자처럼 시간 방랑자는 독재자의 마음과 정신 상태를 꿰뚫어 보고 있었다.

 "모든 독재자는 인류에 대한 적개심, 병적인 파괴의 충동이라는 공통된 심리학적 특성을 갖고 있지. 독재자들의 머릿속은 온통 파괴적 통찰력으로 가득 차 있어. 파괴적 통찰력을 통해 독재자들은 자신이 원하는 결과를 얻기 위해 계획을 세우고 조직을 만들지.

독재자들은 비정상적인 권력을 소유하고 있어. 마약 중독자같이 더 많은 것을 탐내고, 파괴적 욕구가 증가함에 따라 행동도 점점 잔인해지지. 권력이 절정에 달하면 교만에 쌓인 행동을 일삼게 되는데, 그것이 바로 그들의 취약점이야.

파괴적 충동에 휩싸인 사람들은 위협과 강요, 협박으로 통제하고 권력을 유지하지. 가치에 대한 그들의 관점은 여기서 출발해. 파괴적 재능을 재적용하는 거지. 폭로되었을 때조차도 패턴을 반복하는 이유는 파괴를 통해서 그들만의 의미를 찾기 때문이야."

독수리는 시간 방랑자의 말을 열심히 듣고 있었다. 그리고 친구가 하는 이야기가 슬프다고 생각했다. 독수리는 시간 방랑자에게 위로 아닌 위로의 말을 건넸다.

"하늘에서 아래를 내려다보면 독재자는 인류 속에 있는 예측 불가능한 존재들로 보여. 자네가 그들을 변화시키지는 못해도, 그들을 피하거나 수용할 수는 있을 거야."

탐험가

시간 방랑자가 구름처럼 사뿐히 산언덕으로 올라가니, 뭔가 특이한 것이 눈에 띄었다. 누군가가 산허리를 기어오르고 있었는데, 다른 누구보다도 높이 올라가고 있었다. 그는 어떤 특별한 흔적을 따라가는 것이 아니었다. 때로는 비틀거리고, 때로는 멈춰 서고,

때로는 새로운 길을 생각하고, 때로는 길을 만들어 가며 정상을 향해 꾸준히 움직이고 있었다. 그는 다름 아닌 탐험가였다. 시간 방랑자가 그 길의 과거를 들여다보니 창의적인 통찰력과 꾸준한 노력으로 기틀을 세우고 공헌했던 탐험가들이 보였다. 시간 방랑자는 독수리에게 탐험가의 다양한 모습에 대해 이야기해 주었다.

"탐험가들은 고결하고, 희망에 찬 모양의 꽃을 키우는 정원사야. 또한 자신의 이상을 글, 색깔, 형식으로 옮기는 예술가이고, 자신이 가진 자원을 생산적인 결과로 산출해 내는 통찰력을 가진 경영진이며, 건강을 되찾아 주기 위해 치료법을 발견해 내는 의사이지.

나는 이 길에 가장 호기심을 느꼈기 때문에 자세히 보기 위해 가까이 다가갔어. 거기서 바로 산으로 오르는 탐험가를 본 거야."

시간 방랑자는 탐험가의 반짝거리는 땀, 멍든 무릎, 오래된 상처들을 보았다. 그리고 탐험가의 노력과 그가 참아 내고 있는 고통을 느꼈다. 시간 방랑자는 독수리에게 말했다.

"탐험가의 가슴속에 있는 뭔가를 느끼고 깜짝 놀랐지. 바로 마음의 평온이었어."

독수리는 미래에 대한 자신의 예지적 통찰력을 발휘하며 친구에게 알겠다는 듯 미소를 지어 보였다.

"탐험가들은 세계에 조화를 가져다주지. 미래에 대한 희망을 주는 사람들이 바로 탐험가들이야. 진실에 대한 탐구, 건설적인 추구를 위해 자신을 바치겠다는 의지는 그들 자신은 물론 사회를 강하게 하지. 이 길에서 나는 인류의 희망을 보았어."

독수리와 시간 방랑자는 자신들이 본 것의 진리를 깨달았다. 사람이 좇는 길을 보면 그 사람의 과거, 현재, 미래를 알게 되었다. 그러나 미래는 변할 수 있다. 모든 길은 각기 다른 시간과 다른 방식으로 또 다른 길과 교차된다. 즉, 사람들은 한 가지 이상의 길 위에 있으며, 길은 선택이 가능하다.

비행을 통한 시험

시간 방랑자가 곰곰이 생각하더니 말했다.

"독수리야, 시험해 보지 않을래? 내가 본 사람들은 거의 모두 불행해 보였어. 정상에 도달하는 길을 발견하도록 그들을 도와주는 것은 어떨까? 우리가 그들을 정상으로 데려가면 탐험가를 찾을 거야. 서로 자신들의 경험을 비교할 테고. 막다른 길을 택하는 사람, 울타리 안에 사는 사람, 불행한 사람, 독재자들 모두 그들의 길이 어디로 이어지는지 보게 될 거야.

혹시 누가 알아? 탐험가의 길에 합류할지도 모를 일이지. 울타리 안에 사는 사람들은 삶을 즐기기 위한 길을 찾을 수도 있고, 막다른 길을 택하는 사람들은 의미를 찾을 만한 길을 발견할 수도 있을 테고, 아마 몇몇 독재자들도 다른 길을 찾으려고 시도할 거야."

독수리는 시간 방랑자 말이 맞다고 생각했다.

"인간이라는 종족은 대단한 도전 의지와 변화하는 능력을 갖고 있지. 나는 그것을 볼 수 있어. 하지만 독재자에 대해서는 확신이 없어."

독수리는 그렇게 말하고 넓은 날개를 퍼덕거리며 산기슭에 난 길 위를 크게 돌았다. 시간 방랑자는 울타리 안에 사는 사람의 형태로 변장한 다음, 울타리 안에 사는 사람에게 접근했다.

"저, 실례합니다. 저와 같이 산 정상으로 올라가지 않으실래요?"

시간 방랑자는 시험을 시작했다.

"말도 안 돼요!"

울타리 안에 사는 사람이 대답했다.

"저 산은 너무 가파르고, 길의 절반은 보이지도 않아요. 너무 위험해요. 게다가 피곤하기도 하고. 실은 작년에 카드 게임에 정신이 빠져 허리가 많이 상했거든요. 시간만 있다면 흥미로울 것 같긴 한데, 어쨌든 마땅한 안내자도 없잖아요. 안내자를 구하려면 비용이 너무 많이 들어요. 저는 힘들 것 같아요."

"잠깐만요."

시간 방랑자가 말을 이었다.

"제 친구가 저 위로 데려가 줄 거예요. 절대 위험하지 않고, 비용도 들지 않고, 힘들지 않다는 것을 보장할게요. 어떠세요?"

"금방 하산하실 거죠? 그럼 그렇게 합시다."

울타리 안에 사는 사람이 대답했다.

시간 방랑자는 모습을 바꿔 막다른 길을 택하는 사람에게 공격적인 모습이 되지 않도록 주의하며 다가갔다.

"수고하십니다. 꼭대기까지 무료로 가시는 것은 어떠세요?"

시간 방랑자가 운을 뗐다.
"좋지요."
막다른 길을 택하는 사람이 대답했다.
"혹시 비밀 계단을 알고 있는 멋진 산 사나이가 있나요?"
"더 나은 게 있지요."
막다른 길을 택하는 사람의 기준을 알아채고 시간 방랑자가 말했다.
"계단은 없습니다. 날아가는 거지요. 좋은 경치를 보면서요."
"함께 가지요."
막다른 길을 택하는 사람은 시간 방랑자의 제안에 응했다.
시간 방랑자는 불행한 사람의 모습으로 변장한 다음, 불행한 사람에게 말을 걸었다.
"실례합니다."
"이봐요, 난 바쁜 사람이요. 뭘 원하는 거요?"
불행한 사람이 말을 막았다.
"아무것도 아닙니다."
실험을 시작한 것을 후회하며 시간 방랑자가 대답했다.
"그냥 꼭대기까지 태워 드리려고요."
"그거 잘 됐네. 승강기는 어디 있소?"
불행한 사람이 물었다.
"승강기보다 낫습니다."
시간 방랑자가 설명했다.

"제 친구 독수리가 데려다줄 겁니다. 승강기처럼 단추를 누를 필요도 없어요."

"그렇다면 더 낫기도 하네."

불행한 사람이 감탄해 마지않았다.

"경고하는데, 약속은 반드시 지켜야 하네."

시간 방랑자는 독재자에게도 말을 붙였다.

"산에 오르는 저희들의 행렬에 함께하시겠습니까? 독수리가 운송 서비스도 해 드립니다. 아주 편안하실 겁니다."

"그러지."

독재자는 한 치의 망설임도 없이 독수리 등에 올라타 재치와 밝은 내일에 대한 이상으로 다른 사람들을 매료시키기 시작했다.

"나를 따르면 여러분들이 원하는 모든 것을 갖게 해 주겠소. 아래를 내려다보시오. 여러분이 나와 함께 다스리게 될 왕국을 보시오."

울타리 안에 사는 사람, 막다른 길을 택하는 사람, 불행한 사람이 흥미롭게 아래를 내려다보는 순간, 독재자가 그들을 독수리 등에서 밀어 버렸다. 독수리는 급강하하여 세 사람이 떨어지기 전에 잡아챘다. 그러자 독재자가 독수리 깃털을 뜯었다. 독수리는 독재자의 길에 그를 떨어뜨렸고, 독재자는 화가 나서 으르렁거렸다.

막다른 길을 택하는 사람이 흥분하며 말했다.

"저런 고얀 사람 같으니."

울타리 안에 사는 사람이 말했다.

"내 울타리 안에 저런 사람은 두고 싶지 않아."

눈에 띄게 떨고 있는 불행한 사람은 아무 말도 하지 않았지만, 왜 독재자가 약속을 지키지 않았는지 의아해했다.

세 사람이 정상에 올랐을 때, 독수리와 시간 방랑자는 뒤에 서서 어떤 일이 벌어질지 지켜봤다. 잠시 경치를 바라보고 난 그들은 숲 속의 그늘에 탐험가가 있다는 사실을 알아차렸다.

"독수리가 이곳에 데려다주었습니까?"

셋 중 가장 호기심이 많은 막다른 길을 택하는 사람이 물었다.

"아닙니다."

탐험가는 엷은 미소를 지으며 대답했다.

"그러면 어떻게 여기까지 오셨나요?"

울타리 안에 사는 사람이 깜짝 놀라 물었다.

"걸어서 왔지요."

탐험가는 간단하게 대답했다.

"위험하지 않았어요?"

불행한 사람이 물었다.

"저는 괜찮았어요."

탐험가는 잠시 생각을 하고 말했다.

"그 길은 내가 가야 하는 올바른 길이라고 생각했지요. 그래서 길을 따르기 위해 최선을 다했습니다."

"그러면 비밀 계단을 발견했습니까?"

막다른 길을 택하는 사람이 물었다.

"비밀 계단 같은 것은 없습니다."

탐험가가 단호하게 대답했다.

"제 안에서 도전이 되는 계단을 발견했지요. 가장 올라가기 어려운 계단이었습니다."

"여기는 어떻게 올라오셨나요?"

울타리 안에 사는 사람이 물었다.

"제 다리로요."

탐험가가 환하게 웃으며 대답했다.

"어떤 길을 택해야 하는지 어떻게 알았습니까?"

막다른 길을 택하는 사람이 물었다.

"처음 시작할 때는 올바른 길이라는 확신이 없었습니다. 하지만 일단 시작하고 나면 제 자신이 계속하기를 원한다는 것을 알았죠."

탐험가가 대답했다.

"누가 짐을 들어 주었소?"

불행한 사람이 물었다.

"제 팔이요."

탐험가가 다시 밝게 웃으며 대답했다.

"어떻게 그럴 수 있죠?"

세 사람이 동시에 물었다.

"제 안에 무엇인가가 있었습니다. 저는 단지 제가 전진하고 싶어 한다는 것만 알고 있었지요. 그리고 그렇게 했습니다. 그 길에서 저는 장애가 도전이 된다는 점을 알았고, 일단 장애를 넘어서면 새로운 희망을 엿볼 수 있다는 사실을 발견했습니다. 발견의 가능성은 저를 계속해서 정상으로 오르게 하는 자석과 같은 것입니다."

대답을 마친 탐험가는 지평선을 살펴보기 위해 무거운 가방을 메고 산의 다른 면을 오르기 시작했다. 울타리 안에 사는 사람, 막다른 길을 택하는 사람, 불행한 사람은 탐험가가 산 너머로 사라지는 것을 바라보았다.

"저런, 내려갈 길이 멀 텐데."

울타리 안에 사는 사람이 말했다.

"탐험가 양반이 어디로 갔는지 궁금하네요."

막다른 길을 택하는 사람이 중얼거렸다.

"추워지는걸."

불행한 사람이 말했다.

"도대체 독수리는 어디 있는 거야?"

독수리와 시간 방랑자는 조금 멀리 떨어진 다른 산꼭대기에 있었다. 시간 방랑자는 알겠다는 듯이 미소를 지었다.

"왜 웃어?"

독수리가 물었다.

"정말 모두 묘하네."

시간 방랑자가 대답했다.

"모두들 탐험가처럼 스스로 정상에 오를 생각은 하지 않아. 정상이 하나의 과정이라는 것을 깨닫지 못하지. 그런데 자네 무슨 문제라도 있나?"

"미래를 보고 있는 중이야."

독수리가 말했다.

"내가 할 말은 단지 탐험가의 길만이 여행할 만한 유일한 곳이라는 거야. 하지만 극소수의 사람만이 그걸 알아차릴 거야."

독수리는 세 여행자를 그들의 길로 다시 데려다 주었다.

길을 활용하는 방법

용감한 사람만이 울타리 안에 사는 사람의 길, 불행한 사람의 길, 막다른 길을 택하는 사람의 길에서 끌어당기는 자석의 힘을 떨쳐 내고 탐험가의 길을 걷는다. 안타깝게도 독재자는 결코 탐험가의 길을 걷지 못한다.

사실상 하나의 길만을 걷는 사람은 드물다. 같은 사람일지라도 다른 시간, 다른 장소에 있을 수 있다. 그 사람의 주도적인 길이 무엇인지 언제나 파악 가능하지는 않다. 독재자를 예로 들면 어떤 때는 불행한 사람의 길을 따르는 것처럼 보인다. 그럴 때 여행을 함께 떠나면 세상이 불안정하고 위험하다는 사실을 발견하고 놀라게 될 것이다.

당신이 탐험가의 길로 건너가기를 원한다면 어떤 일이 생길까? 혹은 즐거운 일상을 좇는다거나, 삶의 의미를 깨닫고자 노력한다면 어떤 일이 생길까?

의미, 즐거움, 공헌할 기회를 추구하는 사람들을 위한 네 가지

척도가 여기 있다. 첫째는 벤저민 프랭클린Benjamin Franklin의 개인적 경험과 관련이 있고, 둘째는 심리학자 조지 켈리George Kelly의 과학적 접근법이다. 셋째는 장 빠이요Jean Payot의 관점, 넷째는 역경易經의 개념이다. 그다음 '탐험가'의 길로 건너가기 위해 필요한 것을 나의 관점으로 설명할 것이다.

프랭클린의 모범적인 사람

18세기 말 미국의 외교관이었던 벤저민 프랭클린은《자서전Autobiography》이라는 책에서 어떻게 하면 즐겁게 성과를 이룰지에 대해 설명하면서 매력적인 특성을 개발하라고 충고했다. 프랭클린의 의견과 충고들 중 몇 가지를 나열하면 다음과 같다.

- 상황의 가변성을 인식하라. 상황은 지속적으로 변한다.
- 올바른 품행으로 모범이 되는 사람은 능력이 부족한 경쟁자들이 제 역할을 다하도록 많은 분야에서 도와준다.
- 때로는 외모가 자아의 발견보다 중요하다.
- 사람은 열심히 일함으로써 명성과 신용을 얻는다. 이에 역행하는 행동은 삼간다.
- 인간의 본성에 대해 사심 없는 호기심과 감탄하는 마음을 가진다. 이러한 자세는 다른 사람들의 행동을 조절할 기회를 늘려 준다.
- 관심사에 따라 사람을 다루는 법은 달라짐을 깨달아라. 확신

을 갖고 정직하게 다른 사람의 동기를 자극할 수 있다.
- 스스로 중재자의 역할을 한다. 공동의 관심사를 만듦으로써 함께 어울릴 방법을 찾아본다. 편견으로부터 자유로워질 것이다.
- 자신을 겸손한 방법으로 표현하라. '확실히', '의심할 여지없이'와 같이 단호한 분위기를 자아내는 말들을 자제한다. 대신 "내가 알기로는", "그렇게 보인다", "그럴 것이라 생각된다"라고 말한다.
- 진실, 성실, 정직으로 사람을 대한다.
- 긍정적인 가치를 실행함으로써 자신을 발견한다.

프랭클린은 '결단', '중용', '규율', '근면', '성실', '절제', '평정' 등 열세 가지의 덕목을 실천했다. 결단에서는 '결심한 바를 반드시 실행하라'고 했고, 평정에서는 '하찮은 일, 피하고 싶은 일이 생겨도 평정을 잃지 말라'고 조언했다.

그는 기록표를 만들어 매일 저녁 그날 하루의 행동을 생각하고, 각 덕목과 관련하여 제대로 지키지 못한 것이 있으면 해당란에 흑점을 찍도록 하는 등의 구체적인 방법을 제시했다. 그의 기록표는 오늘날 행동 교정 치료사가 환자의 행동을 측정하기 위해 사용하는 것과 유사하다.

프랭클린 자신은 규율(물건 제자리에 놓기 등)을 완벽하게 지키지 못했다고 시인했다. 그럼에도 "노력을 통해서 내가 되어 있었을 법한 모습보다 훨씬 나아졌고, 행복한 사람이 되었다"고 하며 실천의 중요성을 강조했다.

당신은 결코 모든 한계와 결점을 극복할 수 없을 것이며, 모든 잠재력을 실현시킬 수 없을 것이다. 그러나 프랭클린처럼 모범적인 사람이 되고자 노력하다 보면 눈에 띄는 성과를 거둔다. 이전에 했던 여행보다 더 멀리 여행하며 즐길 것이다.

켈리의 모범적인 사람

심리학자 조지 켈리의 '역할 구축 시스템Role Construct System'은 프랭클린의 개념을 보완한다. 그는 자신이 할 만한 것을 발견하기 위해 다른 역할을 하라고 말한다. 새로운 역할을 맡음으로써 긍정적인 태도를 형성하고 유지한다.

자신이 무슨 역할을 해야 할지 확실치 않다면 '좋아한다', '원한다', '바란다'와 같은 상승적인 단어를 사용하는 사람의 역할을 선택한다. 상승적인 단어들은 '기대한다', '요구한다', '주장한다'와 같은 요구적 단어들을 밀어내 내부의 긴장을 줄여 주는 효과가 있다.

새로운 역할을 맡으면 자신을 표현하기 위해 사용하는 언어가 긍정적인 행동을 유도한다는 사실을 발견하게 될 것이다. 또한 자신의 행동을 예측하는 적극적인 동사를 사용한다는 사실을 발견하게 될 것이다. 적극적인 동사는 할 수 있다는 태도를 반영한다.

켈리의 개념은 부자유스러운 허위적 모습을 형성하라고 제안하는 것이 아니다. 새로운 역할을 맡음으로써 부정적인 패턴을 깨뜨리도록 도와준다. 새로운 행동을 시험하는 것이 처음에는 불편하다. 그러나 노력을 통해 긍정적인 피드백을 얻기 시작하면 새로운 행동을 반복하고 싶어질 것이다.

변화에 대한 의지

프랭클린은 자신이 원하는 태도를 선택하고 형성하기 위해 연습을 하라고 충고한다. 켈리는 역할을 통해 시험을 하라고 말한다. 프랑스의 교육자이자 심리학자의 장 빠이요는 더 나은 변화를 위해 의지를 주장해야 한다고 설명한다. 빠이요는 의지와 노력과 땀은 변화의 뿌리에 영양을 공급하는 것과 같다고 생각했다.

빠이요는 노력이 결실을 맺기 위해서는 현명하게 방향을 살피고, 중요한 목적을 향해 일하는 것이 선행되어야 한다고 했다. 그는 "개념과 일은 모든 것으로부터 영양분을 끌어낸다"라고 말한다. 다음은 그의 의견들 중 일부이다.

- 개념과 행동 간의 울타리를 감정의 열정으로 녹인다. 감정적으로 충만한 개념은 행동의 동기가 된다. 생각하는 것, 느끼는 방법, 하는 일은 서로 연결되어 있다. 세 가지 중 하나만 변화시키면 나머지 두 가지는 저절로 변화될 것이다.
- 다른 사람의 노력을 훼손시키기 위해 시간을 보내는 사람은 자신의 에너지를 소모하는 것이나 다름없다. 무엇인가 의미 있는 바를 성취하기 위해 일하는 것이 훨씬 더 현명하다.

- 우리의 내면은 상반되는 개념들로 가득 차 있으며, 부조화를 알아차리지 못한다. 이것은 내면에는 다양한 관념이 존재함을 의미한다.
- 사실을 탐구하고, 증거를 찾고, 공식적인 의견으로 들리는 것에 무분별한 동의를 피한다.

역경의 개념

역경에는 64개의 괘卦와 경구 그리고 해석이 담겨 있다. 그중에는 "시기적절하지 않은 일을 위해 노력함으로써 너의 힘을 너무 일찍 소비하지 말라", "처음의 혼돈에도 질서는 이미 존재하고 있다"처럼 미루는 습관과 시간에 관련된 두 가지 경구도 있다. 역경의 비밀을 알아내면 변화의 책을 저술한 고대인들의 사상이 얼마나 우수한지 알게 된다. 다음의 내용을 생각해 보자.

- 지혜를 기르기 위해서는 애정, 인내, 영속성, 창의력, 이해력은 물론 정확한 시간과 속도가 필요하다.
- 시간은 잠재력을 실현하기 위한 수단이다.
- 방해가 생겼다면 때로는 인내가 해답이다. 예기치 못했던 사건이 방해물을 제거해 주기도 하기 때문이다. 장애가 생겼다고 느낄 때는 뒤로 물러서서 그것을 넘어설 힘이 어디에 있는지 찾아본다.
- 정지된 듯한 기분은 변화하는 시점에 가까이 있다는 뜻이다.

어두운 시간들은 반드시 지나가기 마련이다. 당신 안에 있는 영웅과 현자가 당신에게 힘을 되돌려 줄 것이다.
- 행동이 낳은 결과를 측정하고, 행동이 실패했을 때를 대비해 대안을 생각한다.
- 다른 사람들을 이끄는 위치에 있다면 객관적으로 자신을 판단하는 일부터 먼저 한다.

다리 건너기

탐험가의 길로 향하는 다리를 건너는 것은 개념의 근본적인 변화를 의미한다. 이전의 문제를 해결하기 위한 새로운 해결책을 향해, 그리고 새로운 문제를 해결하기 위한 이전의 해결책을 향해 마음의 문을 열어야 한다.

다리를 건널 때는 변하고 있는 주변의 상황들을 유심히 관찰하고 자신이 하는 일에 집중한다. 그래야만 다른 사람들이 가고 있는 길과는 근본적으로 다른 길에 있게 될 것이다.

우수한 이상을 얻으려면 모범적인 사람의 표준을 설계하고, 자원들을 활용해야 한다. 자신이 결국 승리하게 될지 확신할 수는 없지만, 프랭클린이 느꼈던 것처럼 시도하지 않았을 때보다 노력했을 때 더 향상될 것이다. 아마도 당신의 자서전에도 그와 똑같은 말을 쓰게 될지도 모른다. 개념의 근본적인 변화를 시도하기 위한 실험을 해 보라. 그리고 관찰해 보라.

독수리와 시간 방랑자에 관한 신화는 미루는 습관을 목표 지

변화 이전	변화 이후
성공의 요구	실패를 기회로 삼으려는 의지
억제	자유
위기	기회
자신의 발견	자원의 발견
내면화	실험
리스크 회피	리스크 관리
불량한 기능 축소	우량한 기능 확대
욕구 불만	목표 달성
낡은 영역	새로운 통찰력

향적 행동으로 대체할 방법을 알려 준다. 신화 속에서 우리는 다섯 갈래의 길을 여행했으며, 불행으로 이끄는 길에서 현재와 앞으로 다가올 날들의 인생을 충만하게 하는 희망찬 길로 건너가는 법을 살펴보았다.

인간의 행로에서 본 탐험가의 길은 빠른 길도 아니며, 쉬운 길도 아니다. 누구나 가는 편리한 길도 아니다. 탐험가의 길이 당신이 가고 싶어 하는 길로 이끌어 주리라는 보장도 없다. 그러나 노력이나 길에 대한 선택적 수정을 통해 기회를 찾고, 가치 있는 경험을 창출하며, 현재와 충만한 미래를 위한 현실적인 희망을 형성하도록 한다.

미루는 패턴의 연속성으로부터 문제 해결의 연속성으로 변화를 일으키는 동기가 될 만큼 앞의 신화가 충분히 의미가 있는가? 그렇다면 신화는 미래를 구체화하도록 해 줄 것이며, 불필요한 방해를 줄임으로써 스스로 더 많은 것을 성취하도록 이끌어 줄 것이다.

**미루는 습관에서
벗어나기 위한 Tip**

지금 당장 시작하라!

변화의 과정이 쉽다면 모든 부정적인 습관들은 눈 깜짝할 사이에 다 털어 버리고 오로지 긍정적인 습관만을 형성했을 것이다. 미루는 습관은 이론적인 선택과 상충되지 않고, 스트레스가 가득한 상황에서도 빠르게 회복하며, 어린아이와 같은 의구심으로 호기심을 좇을 것이다. 그러나 부정적인 습관은 대단한 투쟁 없이는 사라지지 않는 강력한 상대이다. 부정적인 습관을 긍정적인 습관으로 변화시키기 위해서는 지속, 또 지속해서 노력하는 수밖에 없다.
이제 이 책을 마무리해야 할 때가 왔다. 끝의 또 다른 의미는 시작이다. 어디서 어떻게 다시 시작할지는 당신만이 내다볼 수 있다. 마음을 굳게 다잡기 위해 다음의 말을 생각해 보기 바란다.

인생을 엮는 실은 가늘고 질기다.
처음에는 계속 이어지는 것처럼 보이지만,
세월이 흐르면서
뿌옇게 색이 바랜 그림처럼
실은 엉켜 버리고, 우리는 그 실마리를 잃어버린다.

성공의 길은 시간과 자원을 현명하게 활용하고자 노력하는 사람을

**미루는 습관에서
벗어나기 위한 Tip**

향해 활짝 열려 있다. 미루는 습관에서 하루빨리 벗어나고 싶다면 자신이 가진 시간과 자원 안에서 최선을 다해야 할 것이다.

미루는 습관 버리기

개정판 1쇄 발행 2015년 1월 20일
개정판 2쇄 발행 2015년 8월 30일

지은이 윌리엄 너스
옮긴이 조은경

펴낸이 박세현
펴낸곳 팬덤북스

기획위원 김정대·김종선·김옥림
영업 전창열
편집 김종훈·이선희
디자인 강진영

주소 (우)121-250 서울시 마포구 성산동 275-60번지 교홍빌딩 305호
전화 070-8821-4312 | **팩스** 02-6008-4318
이메일 fandombooks@naver.com
블로그 http://blog.naver.com/fandombooks

등록번호 제25100-2010-154호

ISBN 978-89-94792-07-1 13180